女医が導く

いちばんやさしいセックス

富永ペインクリニック院長
富永喜代

扶桑社

「女医が導く　いちばんやさしいセックス」　目次

第3章 「勘違い」だらけのセックス

「女医が導く　いちばんやさしいセックス」　目次

第4章 やさしいコミュニケーション

第5章　やさしいパートナー選び

第1章

やさしいセックス

愛し合う前に知っておきたい「性的同意」

「ホテルまで行ったのに、あとから『同意していなかった』と言われたら、怖くてなにもできない」

「『本当はイヤだった』かどうかなんて、なんとでも言えるんじゃないの？」

近年、「性的同意」という言葉が話題になってから、そんなぼやきが聞こえてくることが増えてきました。

2023年7月に刑法が改正され、これまで一般的に「レイプ」と呼ばれていた性加害の罪状が「強制性交等罪」から「不同意性交等罪」に変わったことや、メディアにたびたび取り上げられる性加害のスキャンダルなどから、この言葉を耳にしたことがある方も多いでしょう。

世界的潮流になった「#MeToo運動」の広まりによって、日本でもセクシャルハラスメントや性暴力は「絶対に許されない」という機運が高まっています。性的同意を取らないセックスをした挙げ句、SNSで告発され、地位も名誉も（ときに財産も）一瞬にして失うといった事例を、この数年、私たちは目《ま》の当たりにしてきました。最近ではトラブル回避のため、セックスの前にアプリで言質《げんち》を取る「性的同意アプリ」というサービスまで現れました。


いまの時代、誰もが一度は耳にしたことのある「性的同意」。では、私たちはこの言葉をきちんと理解しているでしょうか。

「同意を取らないとダメというのはわかるけど、結局、どうすればいいのだろう？」

「わざわざ言葉に出して『あなたは同意していますか？』と相手に聞くのは野暮《やぼ》では？」

そんなモヤモヤを抱えている方も多いと思います。特に「イヤよイヤよも好きのうち」という価値観で育ってきた中高年のなかには、「同意」という積極的な意思表明自体にアレルギーを抱く方もいるかもしれません。

・性的同意の定義

性的同意とは、セックスだけでなく、キス、体に触れるといった性的な行為をする際、事前にお互いが交わすべき同意のことで、英語では「Sexual Concent」と言います。

性的な行為に対して、まずはお互いの気持ちをしっかり確認し合うこと、これが性的同意の大原則です。「ノー」や「イヤ」を言えない状態であったり、社会的・経済的な立場を利用して性交渉を迫った場合などは、「同意があった」とはみなされません。また、結婚相手や交際相手であっても、性的な行為をする場合は、やはり性的同意が必要とされます。

性的同意のポイントは、次の4つと言われています。

①ノーと言える環境が整っていること（非強制性）
②社会的地位や力関係に左右されない対等な関係であること（対等性）
③いつでも「やめて」と言えること（非継続性）
④その行為が「したい」という明確で積極的な同意があること（明確性）

それぞれくわしく見ていきましょう。

まず、①の「ノーと言える環境が整っている」とは、自分がされて「イヤだ」と感じた行為に対して、どんなときでも拒否できる状態にあることを意味します。②の対等性とも関連することですが、身の危険などを感じてノーと言えない状況で発せられた「イエス」は、同意とみなされません。
②の「社会的地位や力関係に左右されない対等な関係」とは、二人の間に上下関係があったり、利害関係があったりした場合、そのことを意識しなが

ら行われた性的な行為には、同意は成立しないということです。たとえば、「ここで断ったら、仕事で嫌がらせされるかも……」といった不安を相手が抱えた状態で性的な行為に及ぶことはNGとなります。ですから、特に自分が上の立場にいる場合は、十分な配慮が必要となります。

③の「いつでも『やめて』と言えること」は、①と同じように思えますが、〝いつでも〟がポイントです。たとえば「キスしたけどセックスはしたくない」ときもあるし、「昨日はセックスしたけれど、今日はイヤ」というときもあります。つまり、たとえ長年連れ添ったパートナーであっても、性的な行為を行う場合は、その都度、気持ちを確認することが求められます。

④の「明確で積極的な同意」は、キスやセックスなどをお互いが積極的に「したい」と思っているということです。「イヤよイヤよも好きのうち」の「イヤよ」は「好き」にはカウントされません。乗り気でない相手に、「そのうち盛り上がってくるはず」と勝手な思い込みで性的な行為に及ぶことはNGです。

いかがでしょうか。「なんだかセックスというよりも契約みたいだな」という感想も正直で良いと思います。欧米のように自己主張をはっきりする文化とは異なり、イエスとノーを曖昧《あいまい》にした表現に慣れてきた日本人からすると、たしかに少し面食らうかもしれません。しかし、これが現在の「グローバルスタンダード」です。国際化が進むなかで、これからは海外の方との恋愛やセックスの機会も増えていくでしょうから、なおさら〝世界基準〟を知っておくべきでしょう。

「ちゃぶ台返しもアリ」の時代

・性的同意を「紅茶」で学ぶ

性的同意についてわかりやすく説明しているのが、セックスを「紅茶」にたとえた「Tea Consent」という動画です。この動画は、2015年にイギリスのテムズバレー警察署が「Consent is Everything（同意こそすべて）」と題したキャンペーンの一環として、制作・公開したものです。これが世界中で話題となり、さまざまな言語に翻訳されて、1億5000万回以上も視聴されています。

「あなたが紅茶を淹《い》れたからといって、相手に飲む義務はないし、飲むかどうかは相手が決めること」
「もし飲まなかったとしても、無理に飲ませてはいけない」
「飲まなくても、腹を立ててはいけない」
「最初は欲しいと言っていても、気持ちが変わって飲まないかもしれない」
「意識のない相手に無理に紅茶を飲ませてはいけない」

この動画では、このようにわかりやすく「同意」の概念が解説されていいます。わずか3分足らずの動画で、YouTubeに日本語版も公開されているので、まだご覧になったことのない方は、ぜひ一度見てみてください。

・基準は常に「相手の気持ち」

この動画で一貫して語られているのは、「紅茶を飲むかどうかを決めるのは、あくまでも相手」ということです。**基準は常に相手**であり、あなたではありません。もしあなたが誘ったとき、相手から「いまは飲みたくない」と断られたとしても、その人に怒ってはいけません。

たとえば、こんな場合はどうでしょう?

相手が「ありがとう」と言ったので、あなたは砂糖やミルクを用意して、あたたかい紅茶をふるまいます。でも、急に気が変わって、相手は「やっぱりいらない」と紅茶に手をつけません。「せっかく用意したのに」とがっかりしそうなところですが、基準は常に相手とするならば、「そのとき飲みたくないのであれば、その意思を尊重すべき」となります。いわゆる〝ちゃぶ台返し〟とも言える状況も、性的同意の概念においては、受け入れるのが当たり前なのです。

そんなバカな……と思われるかもしれませんが、相手基準ということは、裏を返せば、自分基準でもあります。もし自分が相手の立場になったとき、「自分が紅茶を飲むかどうかは、あくまで自分が決めること」なのです。特に性という繊細な世界において、勝手に相手にどんどん進められてしまっては、たまったものではありませんよね。

たとえば、ホテルに入ってもその気にならなければ、「今日はセックスしたくない」と相手に伝えるのは、至極まっとうな行為です。「お互い大人なんだから、こうなることぐらいわかっていたでしょ」と言ってセックスになだれ込もうとするのは、完全に「アウト」です。どれだけミルクや砂糖を用意していても――どれだけ豪華なデートをしたり、食事をごちそうしていても、したくないものはしたくない。それは、なにがあろうと覆《くつがえ》せるものではありません。ちなみに、金品や見返りをちらつかせて性的な行為を迫るのも

NGです。

また、「相手がなにも言わないから同意していると思った」という話も耳にしますが、なによりもまず**同意を得る責任は「誘う側にある」**という点も、性的同意の大切なポイントです。勝手に紅茶を淹れて、なにも言わない相手の口に注ぎ込んだら、相手はどう思うでしょう？　必ず「紅茶飲む？」と聞き、「うん、飲みたい」という返事があって、ティータイムは成立するのです。

人の心は常に変わるもの。私たちはいま、「ちゃぶ台返し」もOKの時代に生きています。

ただし、それが窮屈かと言えば、そうでもありません。いち早くセックスの価値観をアップデートし、スムーズに同意を得られるようになれば、その人は異性からも魅力的に映るからです。「性的同意なんて面倒くさい」と変わろうとしない人がいる一方で、「きちんと思いやってくれているんだな」という心が伝われば、相手も安心してお付き合いできるというものです。

中高年男性がモテる理由の9割

性的同意と関連して、世間でたびたび話題になるのが、地位や権力を持った中高年による性加害です。もしもあなたが中高年、特に男性である場合、相手と「見えている世界」が大きく異なっていることは少なくありません。

たとえば、あなたが50代の中間管理職の男性だったとします。そしてあなたの部下には、いつもニコニコと笑顔を振りまく穏やかな20代の女性Aさんがいると仮定しましょう。

Aさんが休憩中、スマートフォンを見ながら、少し口角を上げた様子を目にしたあなたが、「最近、なんだか楽しそうだね。彼氏でもできたの？」と話しかけたとします。すると彼女は「え～そうですか～！　でも、恋人なんてずっといないですよ～」と笑いながら答えてくれます。そこであなたが

「じゃあ今度、食事に行こうか」と誘うと、Aさんも「ぜひ～！」と頷《うなず》いてくれたとします。

これを若い女性社員との職場恋愛の萌芽《ほうが》と見るのは、早急です。Aさんからすると、次のように考えている可能性があるからです。

「せっかく彼氏とLINEをしているのに、上司が話しかけてきた……。でも、イヤな顔をして機嫌を損ねたり、査定を悪くされたら面倒だから、とりあえず笑って事なきを得ておこう……」

私は、医師が主宰する性を語るオンラインコミュニティとして日本最大級の「富永喜代の秘密の部屋」（会員数1万6000人）を運営しており、さまざまな意見や生の声に触れていますが、ここで断言しておきます。中高年の男性が若い女性にモテる理由、その9割は「地位と権力と財力」です。

ただし、私はそれが悪いことだとは決して言いません。地位や権力や財力も、立派な魅力のひとつだからです。しかし、気をつけなければいけないのは、それがあるがゆえに「ノー」と言えない女性も少なくないことです。「断ってしまったら、不利益を被《こうむ》るのでは？」といった深刻なものから「断ると面倒くさそう」といったシンプルな理由まで、地位や権力や財力を持った中高年にノーを言えない人はこの世には大勢います。ですから、**「口ではイヤと言わないから同意している」とは限らない**のです。そう考えると、性的同意の必要性が、より理解できるかと思います。

・ノーと言えない日本の文化的背景

「本当にイヤなら、その場でノーと言えばいいじゃないか」

性加害やセクハラのニュースを目にして、つい反射的にこう考えてしまう人もいるかもしれません。はたして、そうでしょうか。

そもそも日本には、「ノー」と口に出して言うことがはばかられる文化的土壌があります。目上の人や権力を持つ人に対して、忖度《そんたく》なく異を唱えようものなら、「あいつは空気が読めない」と異端児扱いされることは少なくありません。
　また、女性が痴漢に遭った際、「やめてください！」、「やめて！」と言いますが、なぜ性加害の被害者が「お願い」するのでしょうか。ここで「やめろ！」と、とっさに口にする女性はかなり珍しいでしょう。日本語の「女ことば」には、命令形がなく、女性が「やめろ！」と言えないという説もあるようです。

　さらに言えば、性加害を受けたとき、被害者が「ノー」と言わないばかりか、加害者に迎合するような行動を取ることがあります。具体的には、被害者でありながら、「昨晩はありがとうございました！」など、加害者に好意を示すLINEやメール、手紙を送ったり、プレゼントをしたり、自分から加害者のところに出向いたりする行動です。これは、被害に遭ったことを認めたくなかったり、加害者との関係悪化によるさらなる被害を恐れた自己防衛反応とも言われています。

「労働組合ぱあぷる」が上梓した『妄想（セクハラ）男は止まらない―勝利的和解・セクハラ裁判の記録』というパンフレットには、職場の上司から性加害を受けた女性が、被害を訴えるどころか、何度も加害者にプレゼントを贈るなど、一見すると「不倫関係」のように見えてしまう行動を取っていた事例が紹介されており、それが実は被害者の必死のサバイバル行動であったことが、わかりやすく説明されています。

性加害の被害者の心理についてここで深追いすることは避けますが、身の危険を感じるほどの恐怖を目の前にして、「これ以上エスカレートしないように、とりあえず相手の言うことを聞くしかない」という心理が生じることは、男女を問わず想像がつくと思います。

「察する文化」の弊害

性加害やハラスメントを受けても、なかなか「ノー」と言えない背景には、日本ならでの「察する文化」が深く関わっています。日本は島国で、歴史的には一度も他民族から侵略されたことがない、世界でも異質な歴史を持つ国です。そのため、同じバックグラウンドを持つ者同士の「暗黙の了解」、「阿《あ》吽《うん》の呼吸」といった独自の〝察する文化〟が育まれてきました。

察することを尊ぶ文化では、説明や配慮をともなう積極的なコミュニケーションはどんどん省かれていきます。そこでは「場面」や「状況」、「文脈」といったものが重視され、直接言葉に表れない情報を正確に読み取る力が求められます。

あくまで一例ですが、

「この前、すごくいい店を見つけたんだ」（＝だから、一緒に行かない？）
「○○さん、相変わらずグルメですねえ」（＝連れてってもらいたいとは思わないけど、断るのも自意識過剰だから、なんとなく褒《ほ》めて話題を変えよう）

といった具合です。言葉が省略された結果、「明確性」が失われ、同意でも不同意でもない曖昧な状態になっています。どう酌《く》み取るのかは、それこそ当人同士の〝空気〟ということになります。

こうした〝察する文化〟に慣れた私たちが気をつけるべきこと。それは、わざわざ「察しが悪い」あるいは「察しが良い」という言葉を使うのは、たいてい「上の立場」にいる人間であるという点です。下の人間が、上の人間に「察しが悪い」と言うことはあまりありません。

察するとは、言い換えれば気遣いです。それは本来、立場の上下に関係なく、人間同士の思いやりとして自然に生まれるものであり、だからこそ美しく感じられます。しかし、相手に〝察する〟ことを求めた途端、それは上から下への一方的な強制に変化してしまいます。上の人間の言葉足らず、説明不足といった不親切は責められず、立場の弱い人が〝意図を酌まないおまえが悪い〟と責められる構図に陥《おちい》ります。「それぐらい言わなくてもわかるだろ」、「わからん？　察しが悪いヤツだな」、「つべこべ言わず黙ってやれ」といった具合です。

そんな察する文化の負の側面に晒《さら》されたとき、立場の弱い人が「ノー」の意思を表明するのがいかに困難なことか、おわかりになると思います。

性交痛という「女性の痛み」

さて、ここで「なぜセックスの本で、〝察する文化〟の話が？」と感じている人もいるかもしれません。ですが、これはこれからのセックスを考える上で、とても大切な事柄です。なぜなら、セックスとはお互いにひとつしかない〝からだ〟を交える、究極のコミュニケーションだからです。単なる物理的なつながりではありません。コミュニケーションについて考えることは、常により良いセックスにつながっていきます。

古くから男性が女性よりも上の立場に置かれてきた日本社会では、察するのは立場が弱い側、つまり男性よりも女性のほうが得意とされてきました。傾向的に、女性に比べて、男性は相手の意図を酌み取ることを得意としません。パートナーの女性の機嫌が悪くても、一体なにが原因かわからない……そんな経験はだれしもあるでしょう。

これが言葉だけでなくからだも交えたコミュニケーションであるセックスとなると、男性が女性の意図を汲み取るのは、さらに困難になります。その上、日本では女性が性の話をすると「はしたない」とされ、口に出すことがはばかられる文化が根強くありました。いまでも中高年の女性のなかには、

「そんなところを触ってはいけません」と言われて育ち、自分の外陰部《がいいんぶ》すら見たことがない、という人も少なくありません。当然、セックスでも「もっとこうしてほしい」、「これはイヤ」など言葉で伝えることができず、コミュニケーションの難易度は上がっていきます。

そんなとき、男性が「相手がなにも伝えてこないのだから、これまでの自分のやり方でいいか」と思ってしまうのは、無理もないことかもしれません。ですが、それを続けた結果、ひとりよがりのセックスを続けてしまう男性と本心を伝えられない女性……そんな男女のすれ違いが、「痛くても言えない」という性交痛の悲劇を生んでしまうのです。

WHO（世界保健機関）の調査では、女性の8〜22％が人生のいずれかの時点でセックスの際に痛みをおぼえる「性交痛」を経験すると報告されています。一方、日本における調査（「ジャパン・セックスサーベイ2020」）では、あらゆる年齢層において6割もの女性が性交痛を感じていることがデータとして示されています。

つまり、**日本の女性はあきらかに「痛いセックス」をしている**のです。

これは、痛いときに「痛い」と言えなかったり、自分が気持ちよくなれるやり方を相手に伝えられないことが、大きな理由として考えられます。

〝言葉がなくても察するのが日本人らしさ〟という思い込みの行きつく先が、6割の女性の痛みだとしたら……相手に気持ちよくなってもらいたいはずが、痛みを与えるだけだったなんて悲しすぎます。私たちは、察するだけでなく、これからはもっと言葉を大切にしなくてはなりません。

「性的同意？　いちいち言葉にするのは野暮だし、ムードが悪くなるよ」といった考えは、察してもらうことに慣れた男性の勘違いです。痛みではなく、セックスでよろこびと快感を与えられるのが、素敵な大人。ぜひ、言葉によるコミュニケーションを交わし合える関係性を目指してみてください。もし、これまでなかなか言葉にできなかった本音を引き出せれば……相手にとって忘れられない存在になることでしょう。

スムーズに同意を得る方法

これまで日本の〝察する文化〟とセックスにおける弊害についてお話ししてきましたが、相手に積極的な「イエス」の意思を確認することに戸惑いをおぼえる人も少なくないでしょう。

では、どうすれば同意をスムーズに得られるのでしょうか。ひとつのヒントは、「YES／NO枕」です。

若い世代の方はご存じないかもしれませんが、「YES／NO枕」とは、新婚カップルが登場する長寿テレビ番組のゲーム景品として有名になったものです。表裏に「YES」と「NO」がそれぞれ書かれており、言葉として口に出さなくても、それを使って意思表示ができる便利グッズです。これならば、「今日はセックスをしたい」と思うときは「YES」を、「したくない」と思うときは「NO」を相手に見せることで、自分の意思を伝えられるというわけです。

ただ、やはりそれでも恥ずかしいようなら、「ソファのぬいぐるみを倒しておけばノー」といった具合に、二人だけがわかる「YES/NO」のサインをつくっておくのも一案です。また、「今日は『仲良く』する?」など、二人だけに通じる暗号のような言葉を使うカップルもいるようです。

特に女性の場合、「イヤだと口にすると相手の機嫌を損ねてしまいそうだから、我慢して応じる」という人が少なくありません。そんな人にとって、あからさまな言葉を使わなくともノーの意思を表明できるサインは、大変心強いものです。

では、サインがまだない付き合いたてやワンナイトの相手とのセックスでは、どうすれば良いのでしょう。この場合、積極的な同意を確認するのはもちろんですが、まずは相手が安心して「ノー」と言える環境づくりが重要です。

すでにお話ししましたが、性的同意は誘う側に同意を確認する責任があります。ですから、「もしイヤだと感じたら言ってね」など、相手が断りやすい雰囲気をつくることが、なにより大切です。曖昧な返事をされたり、相手が目をそらしたりしたときは、いったん行為をストップしたほうがよいでしょう。

また、相手からセックスを誘われたものの、体調が悪かったり、気分が乗らないこともあると思います。そんなときは、「あなたのことは好きだけど、いまはしたくない」、「今日はセックスはしたくないけれど、一緒にハグしていたい」といった具合にしっかりと言葉にして伝えれば、相手も「自分の人格までは否定されていない」と安心できるはずです。最初は恥ずかしかったり、慣れなかったりするかもしれません。ですが、少しずつでも言葉にしていきましょう。すぐに完璧にできなくても、できるところから二人で始めていけばいいと思います。

いまだに「性的同意なんてムードが壊れる」といった声も聞かれますが、セックスは、プライバシーのかたまりである自分のからだに他人の侵入を許す行為です。性とは、だれからも侵《おか》されないその人の尊厳であり、「聖」域です。自分の命を他者に預ける究極的な行為とも言えます。それに対して、「いちいち同意を確認するのは白ける」といった言葉が出るのは、セックスという行為を軽んじ、他人のプライバシーに土足で踏み入るような、それこそ〝野暮の極致〟ではありませんか。

性的同意は難しくない！

では、性的同意という言葉がなかった頃のセックスは、みんな野暮の極致だったのでしょうか？　もちろん、そんなことはありません。性的同意という新しい言葉が出てきただけで、その行為は、実は多くの人がすでに、そして自然に行ってきたことでもあります。

ここで、パートナーやかつての恋人との初めてのデートの様子を思い出してみてください。

初めて食事をするときには、「今日はどんなお店に行こうか？」、「イタリアンにする？　フレンチにする？　それともお寿司？」、「苦手な食べ物はない？」、「お腹は空いてる？」など、逐一《ちくいち》どうやったら相手がよろこんでくれるか、気を配っていたのではないでしょうか？

　初めてからだを重ねたときには、「イヤだったら言ってね」、「大丈夫？」、「好きだよ……キミは？」などとあふれる思いを言葉にして投げかけていたはずです。セックスの際も、言葉にせずとも「(こんな風に触ったら、彼女は痛くないかな？)」「(この体位、自分は好きだけど相手も好きかな？)」など、相手の反応を観察しながら、ゆっくり慎重に進めていたことでしょう。ときにはホテルに入ったものの、あまりに慎重になりすぎて、その日はなにもしないまま終わってしまった……という、ほろ苦い思い出もあるかもしれませんね。

「相手から嫌われたくない」、「自分の愛情をしっかり相手に伝えたい」、「少しでも自分に振り向いてもらいたい」——そんな一心で配慮に配慮を重ねていたあなたの行為、それこそが「性的同意」の概念が目指すものでもあるのです。

　性的同意という言葉とともに、なにかまったく新しい義務が生まれたわけではありません。なにも特別なことはなく、愛し合う男女の間で自然に交わされてきたことなのです。

知ることが「やさしさ」につながる

ただ、付き合いが長くなるにつれて、自分では「相手に寄り添っているつもり」、「十分に気遣っているつもり」でも、どういうわけかパートナーとの距離が遠くなったり、セックスですれ違いが生まれることもあります。特にセックスレスは、深刻な問題です。最近の調査（「ジャパン・セックスサーベイ2024」）では、夫婦間で1か月以上セックスしていない人の割合が6割を超えたと報告されました。

もしかすると、その〝できているつもり〟の配慮や寄り添い方が、いつの間にか間違ったものやひとりよがりになっていたとしたら……。

というのも、男女のオルガズムに至るまでのメカニズムや加齢にともなう体調の変化、性交痛や更年期障害、ホルモンと性欲の関係など、性にまつわる正しい知識は、まだまだ広まっているとは言えないからです。

先ほど紹介したオンラインコミュニティ「富永喜代の秘密の部屋」で行ったアンケートでは、男女ともに7割以上の人が性交痛や加齢によって膣が萎縮することを「知らなかった」と回答しています。「秘密の部屋」の参加者といえば、性に対して積極的に学ぼうとする意欲あふれる方たちです。セックスへの関心が高い人たちですら、約7割が性交痛について知らなかったわけですから、一般的には性交痛の存在はほとんど知られていないと言っても過言ではないでしょう。

自分では「よかれと思って」やっていても、それが間違った情報や思い込み、勘違いをもとにしたものであれば、かえって裏目に出てしまうことがあります。のちほど詳しく説明しますが、ED治療薬のバイアグラが正しく効果を発揮するためには、空腹の状態で服用するのが基本です。しかし、「精をつけるため！」とディナーでステーキをたらふく食べた後、ED治療薬を服用したことで有効成分の吸収が悪くなり、かえって薬の効果を落としてしまう……といった残念な事例も少なくありません。

セックスに限らず、人間だれしも、そしていくつになっても「わかっていたつもり」、「知っていたつもり」は多々あります。むしろ、年齢を重ねて経験を積むほど、「自分は知っている」との思い込みや勘違いが強くなっていくものです。ですが、相手を知っているつもりでいることが、いつの間にか、相手を傷つけることになっているとしたら……。たとえば、いつまでも若いつもりで自分より立場の弱い若い女性を口説いていたら、性加害の当事者になっていた——繊細な性に関しての思い込みや勘違いは、ときに恐ろしい結果につながります。「知らないのが恥ではなく、知ろうとしないのが恥である」という言葉もあるように、いくつになっても学び続けることが大切です。

男性は女性の性について、女性は男性の性について、意外なほど知らないものです。いくつになっても正しい性の知識を得ることは、自分の性生活を充実させるだけでなく、相手を理解していたわる「やさしさ」にもつながります。

まずは、正しい性の知識とお互いについて「知る」こと。
それが、相手を傷つけることなく心を通わせて愛し合える、「やさしいセックス」の第一歩です。

第2章

やさしさのために、知っておくこと

これからの時代の「やさしいセックス」のためには、まずは「知る」ことが大切。というのも、意外と男性は女性の性について、女性は男性の性について、知らないことが多いのです。正しい知識は、相手への思いやりにつながります。パートナーのからだにどんなことが起こっているのか、それを知れば、今日よりもっと深く愛し合えるはずです。

①男性が意外と知らない「女性の性」

「濡れているから感じている」は間違い

「口では『イヤ』『やめて』と言っているのに、下半身は濡れていた。やっぱり感じているんだ」

「女のからだは、正直で嘘がつけない」

AVや官能小説などファンタジーの世界にとどまらず、現実世界においても「女性が濡れている＝感じている」とみなす男性は少なくありません。はたして、女性がイヤと言っている言葉と濡れていることは、どちらが本当なのでしょうか？

・性科学の古典「オルガズムに至るまでの4段階」

ここで、「感じている」や「イッた」という言葉を整理するためにも、女性のオルガズムの仕組みについて、一緒に見ていきましょう。

まず女性が「濡れている」状態とは、膣《ちつ》の粘膜から血液の成分のひとつである血漿《けっしょう》が染み出て、透明な液体になっていることです。この膣分泌物、いわゆる「愛液」は基本的に透明です。

では、いつから女性が濡れ始めるのか、ここでオルガズムに関する性科学の古典から学んでいきましょう。

性の研究の古典的始祖とも言われるW・H・マスターズ氏とV・E・ジョンソン氏は、オルガズムを「性的刺激に反応して充血し、硬直した筋肉が肉体的に弛《し》緩《かん》する一時的症状」と定義しています。また、1948年と1953年に発表され、アメリカ人の性の実態を明らかにした『キンゼイ・レポート』で有名なA・C・キンゼイ氏も「性的反応が最高潮になった時点で、緊張した神経筋肉が今度は弛緩すること」とオルガズムを定義しています。

表現の差はありますが、どちらも筋肉がギュッと硬くなり、それがやがて弛緩する……これがオルガズムなのではないか、と言っていることがわかると思います。

オルガズムに至るまでの性反応は、「**①興奮期→②高原期→③オルガズム**

期→④消退期」という4つの段階に分かれています。

性的な刺激が与えられてスイッチが入ると、まず訪れるのが「興奮期」です。セックスを開始して心身が昂《たか》ぶり始めた段階で、性器が充血を起こすタイミングです。女性は愛液が分泌されて濡れ始め、クリトリスも膨らみ、からだの外に現れてくることもあります。そして性的興奮がしばらく続くと、次は「高原期」に突入します。

高原期では、お互いの呼吸数・心拍数・血圧が上がり、性器も挿入できる準備が整います。女性は膣の奥が広がり、子宮の位置も上がります。男性は、カウパー腺液が分泌されます。

やがて性的興奮が絶頂に達し、快感を得るのが「オルガズム期」です。先ほどのジョンソン博士によれば、このとき女性は0・8秒間隔で筋肉が収縮し、呼吸数、心拍、血圧が上昇すると言います。また、発汗、皮膚の紅潮《こうちょう》、けいれんなど、人によってさまざまな反応が起こります。

そして、このオルガズムの状態から平常の状態へ戻る期間が「消退期」と呼ばれます。

男性は「射精＝オルガズム」とわかりやすいですが、女性のオルガズムにはさまざまなバリエーションがあります。一見、オルガズム期に達したのかどうかわかりづらい人から、全身をけいれんさせる人まで、ひと口にオルガズムと言っても、どんな反応をするかには大きな個人差があります。

・「濡れる」は生理的反応

さて、ここで問題です。女性の「性反応の4段階」において、女性の腟が濡れ始めるのは「興奮期」、「高原期」、「オルガズム期」、「消退期」の、どの段階でしょうか？

答えは、第1段階の「興奮期」です。キスやクンニリングスなど女性のからだが性的な刺激を受けると、骨盤内臓器（子宮、膀胱《ぼうこう》など）の血液が増えてきて、クリトリスが膨らんだり、腟分泌物が増えて、小陰唇《いんしん》が開いてきたりします。この段階は、まだオルガズムに至る道の一合目に過ぎません。

そう、濡れているのは、あくまで外部からの刺激に対する生理的反応です。「濡れているから、感じている」とは、決して言えません。これは、いまだに多くの男性が勘違いしている点かと思います。

「なぜ、気持ちよくないのに濡れるんだ？」と疑問に思う方もいるでしょう。女性は進化の過程で、レイプや傷害などのリスクから身を守るために、自分の意思とは関係なく、反射的に膣分泌物が増える（つまり濡れる）反応が植えつけられたのではないかと考えられています。

万が一、無理やり挿入されたり、指などの異物を挿入されたりした場合、膣が濡れていないと、性器を破損する危険性があります。つまり、長い人類の進化の歴史で、女性のからだには、性的な刺激が起こった段階で、膣が濡れて性器損傷を防げる潤滑《じゅんかつ》環境をつくっておくといった「防衛機能」が備わるようになったのです。

濡れるのは、あくまで刺激への反射であり、生理的な反応です。また、性的な刺激を感じていなくても、ホルモンバランスやそのときの体調によって、濡れやすくなる人もいます。

「無理やり迫られたほうが女性が濡れる」、「濡れていたら、女性は感じている」といった言説は、一部の男性にとって都合のいいファンタジーでしかありません。くれぐれも勘違いしないようにしてください。

女性は生理前にムラムラする？

性欲は個人差がとても大きいものですが、たしかに女性のなかには、月経前（いわゆる生理前）になると性欲の高まりを感じる人がいます。

・女性にも「男性ホルモン」は分泌されている

まず女性の性欲を司るホルモンは、女性ホルモンのエストロゲンと男性ホルモンのテストステロンです。

よく「テストステロンは男性にしかないのでは?」と思われがちですが、実は女性のからだでも微量ながら分泌されています。男性の場合、テストステロンは睾丸《こうがん》や副腎《ふくじん》でつくられますが、女性の場合は卵巣《らんそう》や副腎でつくられ、その量は男性の10分の1程度とも言われています。

・2つの女性ホルモンの波

次に生理、正式な医学用語での「月経」について。月経とは簡単に言うと、その排卵で妊娠しなかったために、赤ちゃんのベッドとして準備されていた子宮内膜が必要なくなり、はがれ落ちるときに起こる出血のことです。

この女性の月経を担うのが、エストロゲンとプロゲステロンという2つの女性ホルモンです。いずれも脳からの司令を受けて、卵巣から分泌されています。常に一定の量が分泌されているわけではなく、毎月、「小さな波」を

2つの女性ホルモン

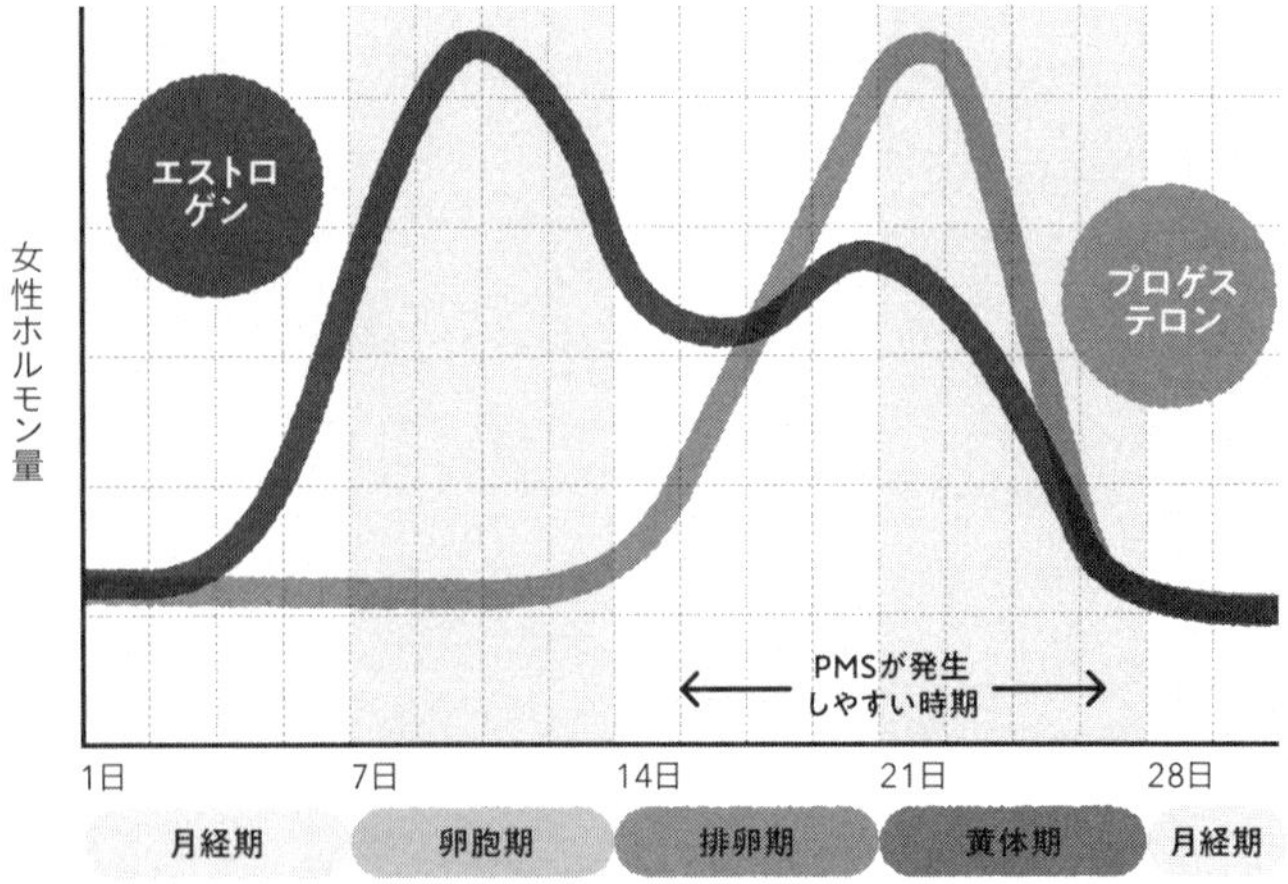

起こすことをくり返しています。

月経が始まると、排卵に向けてエストロゲンの第一波が発生し、排卵時にはエストロゲンはピークに達します。そして排卵後は、エストロゲンと入れ替わるようにプロゲステロンの波がやってきて、エストロゲンの第二波も発生します。やがてこの波も収まって、2つのホルモンの波が減少してくると月経がやってくる……という具合です。

そして、この女性ホルモンの波を見ていくと、上のグラフのように、月経前（28日目のあたり）には、女性のからだからエストロゲンとプロゲステロンの2つの女性ホルモンが急減していきます。そのため、**相対的に男性ホルモンのテストステロンが優位になり、結果として性衝動が高まる**のではないかと考えられています。

また月経前には、すでに排卵が終わっていますから、女性が妊娠する可能性はありません。俗にいう「安全日」です。ここに、性欲を司るエストロゲンの第二波があることで、人間の女性は生殖にかかわらないセックスを楽しむことができると考えられています。また、妊娠を望んでいない女性の場合、ある種の**安心感や解放感**から性欲が増している可能性もあります。

・「セックスどころじゃない！」

月経前に性欲が増す女性がいる一方で、月経前には月経前症候群（PMS）の症状に悩む女性も少なくありません。後ほどくわしく取り上げますが、この時期にはイライラしたり気分が落ち込んだり、からだがむくんだり、全身のあちこちに痛みをおぼえる、眠くて仕方ないなど、さまざまな不調が女性を襲います。そのため、「とてもじゃないけど、セックスしている場合じゃない！」という人もいるでしょう。

ですから、「生理前は性欲が高まる」といった断片的な知識で、女性にセックスを迫るのは考えものです。月経前のナーバスになりやすい時期こそ、「今、体調はどう？」、「お腹が痛かったりしない？」、「体調が悪かったらデートも無理しないでね」といったやさしい声がけが、彼女の心とからだを解きほぐし、その後の二人の関係にも好循環をもたらしていくことでしょう。

女性は想像や妄想だけでイケる

「好きな人を想像するだけで、子宮がキュンキュンする」、「手をつないだだけでイッちゃう」といった話をする女性もいますが、はたしてこれは本当でしょうか？

「オルガズムは脳で起こるのであって、股間で起こるのではない」という言葉は、神経科学者のデイヴィッド・J・リンデン氏によるものです。この言葉からもわかるように、結論から言えば、女性は想像や妄想だけでオルガズムを得られる、つまり「脳イキ」も可能です。

このことを医学的に証明したのは、神経学者のバリー・R・コミサリュック氏と性科学者のビバリー・ウィップル氏です。

彼らの研究によれば、女性が性器を刺激してオルガズムを得た場合と、想像だけで（！）オルガズムを得た場合を比べると、血圧や心拍数、瞳孔《どうこう》の拡張などの測定結果は、同じように増加していたと言います。

また、fMRI（MRIの技術を用いて脳内の血流を可視化する方法）では、想像だけでオルガズムを得た場合であっても、性器を刺激してオルガズムを得た場合と同じように、脳の側坐核《そくざかく》、海馬《かいば》などの領域が活性化することが認められました。

男性の場合、AVに代表されるように性的な興奮は目から入る情報に大きな刺激を受けます。一方、女性の場合は究極的には自分の妄想や想像、いわゆる〝エア恋愛〟でもイケるのです。

逆に言えば、愛撫やクンニを一生懸命されても、すでに関係性が冷めきった恋人とのセックスでは感じられない、ということも起こり得ます。どんなテクニシャンであっても、彼女の脳が「気持ちいい」と判断しなければ、オルガズムには至らないのですね。

「膣が締まる＝絶頂のサイン」ではない

・女性のオルガズムには個人差が大きい

女性のオルガズムは、外側からはわかりづらいものです。そのため、どんなに女性が激しく悶《もだ》え、「気持ちよかった」と事後に告げたとしても、男性からすると、「本当にイッたのか?」、「演技なのでは?」と疑心暗鬼になることもあるでしょう。

まず知っておきたいのが、「女性のオルガズムには個人差が大きい」ということです。男性のオルガズムは、性的興奮を得てから射精という一直線であるのに対して、女性のオルガズムは多種多様です。前述の「性反応の4段階」でいえば、オルガズム期で絶頂に至るとそこでスーッと快感の波が引いていく人もいれば、高原期とオルガズム期を繰り返して何度も絶頂に至る人まで、同じ人は一人としていないほどです。男性としては、難しい部分でもありますね。

また、月経周期や更年期などのホルモンバランスの変化、「疲れていて気持ちが乗らない」など気分やメンタルの状態によっても、オルガズムの感じ方は変わります。

生まれつきの神経分布によって、乳首がとても感じる人もいれば、肛門でのプレイに快感をおぼえる人もいます。同一人物であっても、最初はクリトリスしか感じられなかったのに、あるときから「中イキ」できるようになったり、経験を重ねるにつれて感じ方は変わってきます。

つまり、女性のオルガズムは、個人差はもちろん、タイミングや経験、気持ちの変化によって、いかようにも左右されるものです。オルガズムを得たときの反応も人それぞれなので、「これが彼女がイッたサインだ！」と断言できるような唯一の正解は存在しないことを、前提として踏まえておきましょう。

・オルガズムで膣奥は膨らむ

とはいえ、「セックスで『相手がよろこんでくれている』というたしかな手応えを感じたい」というのも、当然の思いです。インターネットで「女性オルガズム　サイン」と検索をすれば、「あえぎ声が変わる」、「全身がけいれんする」「汗をかく」など、さまざまな言説がヒットすることでしょう。

なかでも、女性がオルガスムに至ると「膣がギューッと締まってくる」という説も有名です。膣が締まると男性のペニスに刺激が加わり、摩擦が生じることから「締りがいい」といった表現もあります。「膣がギューッと締まったから、もうイッたんだな。それなら、そろそろ自分もイッていいだろう」と判断して、尽き果てる男性がいるかもしれません。

しかし、膣が締まったタイミング＝オルガズムと判断するのは、いささか早計です。女性の性的興奮度合いが高まると「膣が締まる」というのも完全に間違いではないのですが、正確には、**女性がオルガズムに至ったときには、膣の入り口付近は狭くなるけれど、膣の奥側は膨らみます。**この膣の拡張反応を**「バルーン現象」**と呼びます。このときペニスは、締めつけられるどころか、ふわっと解き放たれるような感覚に襲われるといいます。

セックス中、女性の膣がどのように変化するのかくわしく見ていきましょう。

オルガズムによる膣圧の変化

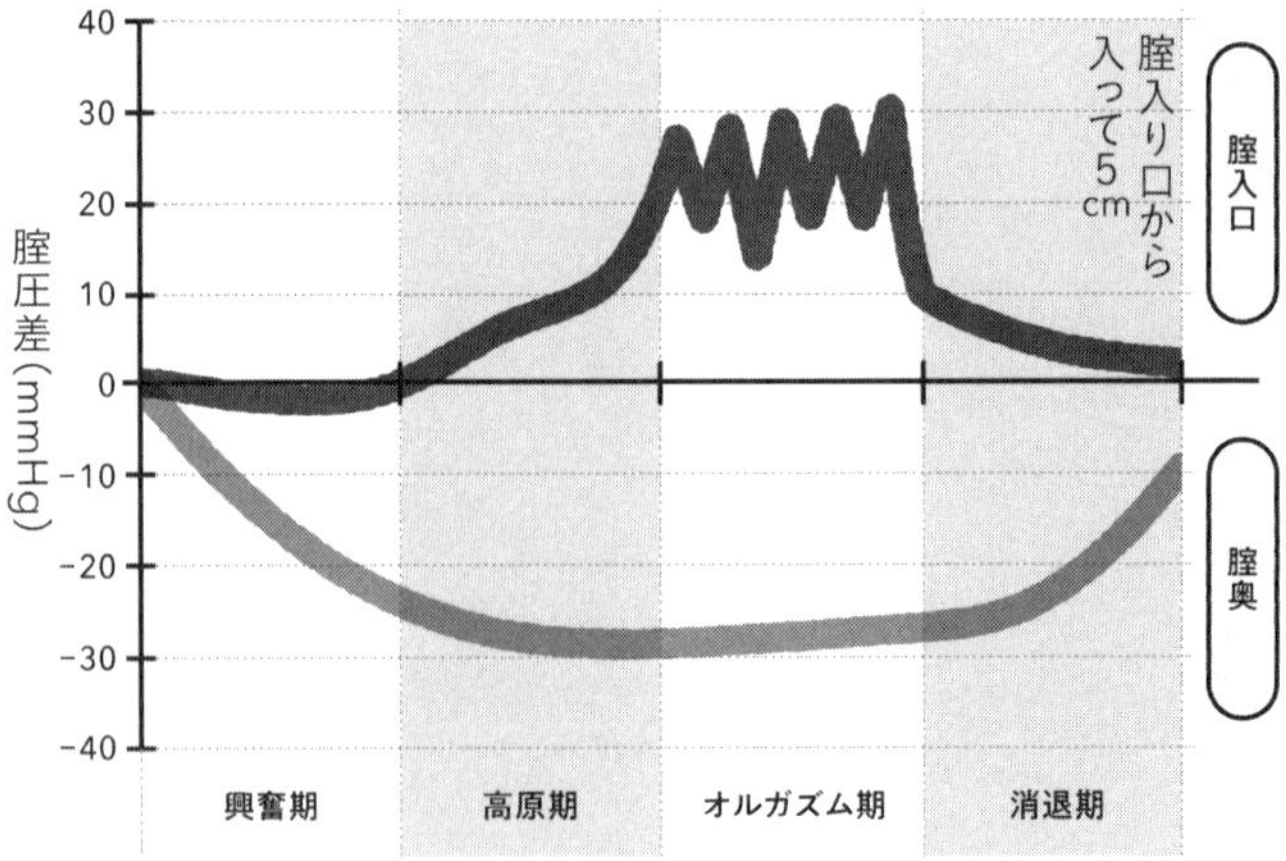

上のグラフの上の線は、膣の入り口から5㎝ぐらいの場所（Gスポット付近）の圧力を示しています。下の線は膣の奥の圧力です。セックスが始まり、興奮期を経て高原期に到達した頃にはいったん弛くなり、圧力が弱まって、陰圧（内部の圧力が外部の圧力より低い状態）に振れています。空気は圧力が高い方から低い方に移動しますから、陰圧＝膣が広がってくるわけです。

しかし、高原期になると、今度は膣内部の圧力が高まり、膣の入り口はどんどん締まってきます。ここからさらに性的な刺激を受け続けると、「オルガズム期」に突入します。すると、グラフでは線が激しく上下しているのがわかります。これが先に述べた「収縮と弛緩」です。そして、やがて消退期になって膣入り口付近の筋収縮が収まり、圧力が下がっていきます。

では、膣の奥（下の線）はどうでしょうか。セックスが始まると圧力が下がってくることがわかります。その後も高原期を経て、オルガズム期に向かうにつれ、圧力は下がり続け、膣の奥のほうは広がっていく……これが「バルーン現象」です。

ここで、まとめておきましょう。

膣がギュッと締まるのは、オルガズムに至る手前の段階です。真のオルガズム期には、膣の入り口は収縮と弛緩をくり返し、奥はふわーっと広がり、膨らんでいく。これが「本物のオルガズム」なのです。

ですから、「膣が締めつけている」だけで「イッた」と判断するのは時期尚早。ここからが勝負です。膣が締まって、「よし、彼女も気持ちよくなったことだし、自分も気持ちよくなってしまおう」と、すぐに果ててしまっていた男性の方々。「今日も、彼女と同時にイケた！」とよろこべていたのは、彼女のやさしさと名演技の賜物なのかもしれません。ぜひ、もう少しオルガズムの奥深さを探究してみてください。

彼女がケラケラと笑う理由

「バルーン現象」以外にも、女性が深いオルガズムに達したサインはいくつか存在します。

ひとつは、セックスの後に女性がまどろんだり、いつの間にか眠ってしまうことです。心が満たされるセックスをしたあと、人間の脳からは、ストレス解消効果のある「セロトニン」、幸福や愛着、親密感を促す「オキシトシン」、興奮・覚醒・快楽を感じさせる「ドーパミン」、鎮痛・鎮静作用のある「β－エンドルフィン」など、さまざまな脳内神経伝達物質が放出されます。いずれも一度は耳にしたことがあるのではないでしょうか。

これらの脳内物質のうち、どれが多く出るかで、オルガズム後の反応は変わります。セックスをしてβ－エンドルフィンが多く放出されると、急な眠気に襲われてぐったりしますし、オキシトシンが多く出れば、多幸感に満ちあふれた笑みを浮かべる……といった具合です。どの脳内物質が出るかは個人差にもよりますし、その日のコンディションによるところも大きいものです。

・脳内物質のもたらす多幸感

また、別のオルガズムに達したサインとして、「よく笑うこと」が挙げられます。セックスのあと、彼女の体に少し触れたり、なにげない会話をしたりするだけで、彼女がケラケラと笑い出したことはありませんか？

これは興奮や覚醒を司るドーパミンやβ－エンドルフィンによって多幸感

を感じている、いわゆる「ハイ」になっている状態です。「なんだかよくわからないけど笑いたくなる」↓「笑うから、楽しい」↓「楽しいから、さらに笑う」という状態です。私が主宰するオンラインサロン「富永喜代の秘密の部屋」でもこの件について触れたところ、「自分が事後に大笑いしてしまう謎が解けました！」というコメントも寄せられました。

「セックス後にケラケラ笑う」という行為は、まどろんだり、微笑《ほほえ》んだりするよりも格段にエネルギーを要するものです。もし、女性が「イッた演技」をしているとき、「気持ちよくて眠くなっちゃった」とまどろんだり、微笑んだりすることは比較的たやすいですが、気のない相手のためにケラケラ笑うというのは、演技としてもあまり考えられません。そこまで手の込んだ演技をしてくれるとしたら、かなりの名女優です。

女性が気持ちよさそうな表情を浮かべてケラケラ笑い出したら、男性は少しびっくりするかもしれませんが、逆に「あ、彼女も満足してくれたのかな」と安心してください。

ピルを飲んでいる＝性に奔放？

望まない妊娠を防ぎ、安心・安全にセックスを楽しむためにも欠かせないのが避妊です。避妊と聞くとまず思い浮かぶのがコンドームですが、女性が飲む低用量ピルという選択肢もよく知られています。

コンドームは男性が着用する・しないの主導権を握っていますし、セックスの途中で外れるといったアクシデントが起こり得るのに対し、ピルは正しく服用すれば99・7％の避妊効果が期待できると言われています。

一方、避妊目的でピルを飲んでいる女性を「性に奔放」とする偏見もいまだに多いようです。そもそも大人の女性が性を主体的に楽しむこと自体、うしろめたさを感じる必要はありませんが、それでも「ヤリマン」「ビッチ」などという心ない言葉に傷つく女性がいるのは悲しいことです。

・低用量ピルは排卵を抑える効果がある

そもそも低用量ピルがどのような薬なのか、「考えたこともない」という男性は多いでしょう。単なる避妊のための薬、という認識でアップデートが止まっている人が少なくないのではないでしょうか。

低用量ピルは、エストロゲンとプロゲステロンという2つの種類の女性ホルモンが配合されている薬です。婦人科や産婦人科で処方され、一日一錠、決められた時間に服用します。

では、なぜ女性が低用量ピルを飲むのか、なぜ低用量ピルで避妊ができるのか、正しく理解するために、月経のメカニズムから見ていきましょう。

月経、いわゆる女性の「生理」が、なぜ起こるのかといえば命を次の世代につなぐためです。女性のからだのなかでは、脳が「子孫を残せ」という司令を出し、黄体形成ホルモン（LH）や卵胞刺激ホルモン（FSH）などのホルモンが分泌され、卵巣で「赤ちゃん卵子」が卵胞（卵子の袋のこと）のなかで育ちます。この卵胞から分泌されるのが、卵胞ホルモンことエストロゲンです。

卵胞のなかで卵子が十分な大きさに育つと、卵子は卵巣から飛び出してきます。これが「排卵」で、このとき、体内で精子とタイミングよく出合うと、「受精卵」となります。

この受精卵を受け入れるために、子宮の内側では「赤ちゃんのベッド」と呼ばれる子宮内膜が厚くやわらかくフカフカな状態になって、来たるべき妊娠（着床）のスタンバイをしています。

しかし、排卵した卵子が精子と出合わなければ、ベッドは不要になってしまいます。そこで要らなくなった子宮内膜がはがれ、血液とともに体外に排出される。これが月経です。

そして、月経のある女性が、エストロゲンやプロゲステロンといった女性ホルモンが含まれている低用量ピルを飲むと、脳から卵巣へ下される命令がストップし、排卵が抑制されます。排卵が起きなければ、いくら精子が体内にやってきても受精することはありません。そのため、低用量ピルを正しく服用すれば、高い避妊効果が得られるのです。

ただし、低用量ピルの効果はそれだけではありません。子宮内膜が厚くならないので、月経の際の経血量や月経痛の緩和、貧血が軽くなるといった嬉しい効果も期待できるのです。また、低用量ピルを飲んでいる間は、卵巣を休ませることができるので、卵巣がんにかかるリスクが減る、薬の内服をやめたときに妊娠しやすいからだになる、などのメリットもあります。

つまり、**避妊は低用量ピルの数ある効果のごく一部**に過ぎないのです。

・彼女が月経前に不安定になる理由

排卵後の月経前には、女性らしさや心の安定を司る女性ホルモンのエストロゲンが減少します。そのため、ホルモンの波にからだが振り回され、頭痛や吐き気、むくみ、肌荒れ、便秘といったからだの不調をはじめ、イライラや気分の落ち込み、憂うつになる、集中力が低下する、情緒不安定になるといったメンタルの不調、さらに過食や不眠、過眠などさまざまな症状に悩まされる女性が少なくありません。

これらを総称して、「月経前症候群（PMS：Premenstrual Syndrome）」と呼びます。

そして、PMSのなかでも、特にイライラや不安、気分の落ち込みなど精神的な症状が強く出て、日常生活に支障が出てしまう症状を「月経前不快気分障害（PMDD）」と呼びます。

男性読者のなかには、パートナーが月経前にイライラしたり、情緒不安定になったりして、「ひょっとして性格が変わったのか？」とうろたえる方もいるかもしれません。また、デート中のなにげないひと言で、途端に彼女の機嫌が悪くなり、手がつけられなくなったといった経験も、一度はあるのではないでしょうか。ひょっとしたら、それはPMSの症状のひとつかもしれません。ちなみに、低用量ピルにはホルモンバランスを整える効果もあるので、PMS（月経前症候群）の改善にも多いに役立ちます。

・からだとうまく付き合うための手段

毎月訪れる月経痛、PMSの症状……女性は月の半分以上にわたり、自分の意思ではどうにもならないホルモンバランスに大きく影響され、なんらかの不調に苛《さいな》まれる人はたくさんいます。

女性のキャリアに妊娠・出産が大きく影響することは認知されていますが、月経も仕事や勉強に大きな影響を与えることは、まだ十分に知られているとは言えません。月経の影響を少なくするために、旅行や大切なライフイベント、試験の前などに低用量ピルを服用する人も多くいます。

近年、SRHR（Sexual and Reproductive Health and Rights）と呼ばれる「自分のからだは自分のもので、性やからだのことは自分で決めて守る権利がある」といった考えが世界的にも広まっています。低用量ピルを服用するのも、自分のからだとうまく付き合うための選択肢のひとつです。

避妊は、低用量ピルの数ある効果の一部。「ピルを飲む女性はヤリマン」といった偏見がなくなり、正しい知識とやさしさが広まっていくことを願うばかりです。

更年期の女性は「締まりがいい」？

一般的に自然分娩《ぶんべん》（経腟分娩）を経験した女性は、赤ちゃんが産道を通って腟口《ちつこう》から出るときに、個人差はありますが骨盤底筋《こつばんていきん》や骨盤底筋靭帯《じんたい》などを損傷します。そのため、更年期以降は尿もれや膣の弛みに悩む方が多いと言われています。

しかし、男性のなかには「熟女は締まりがいい」と語る人も散見されます。これは一体、どういうことでしょうか。

実はこの「締まり」の正体、「膣萎縮（萎縮性膣炎）」である可能性が高いと言えます。女性の膣は閉経以降、女性ホルモンであるエストロゲンが減ることで、性器への血流が低下し、性器組織が縮んで小さくなってしまいます。また、膣組織中のコラーゲンが減ることで、膣の粘膜が薄くなり、水分量や弾力を失います。そのため、膣や外陰部《がいいんぶ》が萎縮し、乾燥するようになり、摩擦に弱くなったり、かゆみや性交痛が起こるのです。

膣萎縮が起こると、入り口が縮んで狭くなるだけでなく、膣全体も硬く狭くなり、挿入時の広がりも悪くなってしまいます。中高年だけでなく若い女性でも、卵巣がんや乳がんなどでホルモン療法を受けている方は、膣萎縮に悩まされることがあります。

先の発言をした男性は、おそらくこの硬く縮んだ膣のことを「締まりがいい」と表現したのだと思います。しかし、膣萎縮の始まっている相手の女性が、セックスの際に気持ちいいどころか、性交痛を感じていた可能性は大いにあります。

・7割以上の人が膣萎縮を知らない

更年期以降、久々にセックスした女性が性交痛を訴えるケースは少なくありません。富永ペインクリニックの性交痛外来にも「子育てが一段落して夜の営みを再開したものの、あまりに膣が痛くて、夫のペニスが入らない！」という女性も多くいらっしゃいます。

性交痛は膣萎縮だけが原因ではなく、子宮がんや子宮内膜症といった女性器の病気や性感染症が疑われることがあります。そのため、産婦人科医で原因となる病気がないか検査することが必要です。しかし、痛みの原因となる病気がないにもかかわらず性交痛を感じる場合、膣萎縮の可能性が高いことは、ぜひ世の男性にも広く知っていただきたいものです。

ちなみに、私の主宰するオンラインサロン「富永喜代の秘密の部屋」のメンバーに行ったアンケートでは、男女ともに7割以上の方が「膣萎縮を知らなかった」と回答していました。オンラインサロンの参加者は、性に対して日頃から積極的に情報収集をしている方たちですから、その方たちが知らなかったということは、世間での膣萎縮の認知度の低さは、かなりのものでしょう。

女性は痛みを感じていても、なかなか「痛い」とストレートに口には出せません。ですから、男性は決して勢いよく挿入せず、相手の様子をうかがいながら、ペニスを3分の1ずつゆっくりと挿入することを心がけてください。

また、たっぷりと潤滑剤《じゅんかつざい》を使うのもいいですね。使う量の目安は「さくらんぼ3つ分」。中高年ともなれば、「愛撫・挿入前・挿入中」の3回、それぞれにさくらんぼ3つ分（計9個分）ほど、たっぷり使うのがおすすめです。

②女性が意外と知らない「男性の性」

なぜ男性は「性欲が強い」のか？

近年はフェムテック（女性の健康課題をテクノロジーで解決する製品やサービスのこと）の追い風もあり、女性が性をオープンに語り、性を主体的に楽しむ機運が高まってきました。この傾向は、個人的にもとても歓迎したいと思っています。

しかし、男性が性を楽しむためのサービスやコンテンツのほうがまだまだ多いのも現実。その背景を述べる際、「だって、男のほうが性欲が強いから」

といった言葉が男女双方から聞かれますが、それはなぜなのでしょうか。

・性欲を司るテストステロン

性欲について考えるとき、カギとなるのは「テストステロン」です。テストステロンはよく「男性ホルモン」とも呼ばれますが、おもに次のような働きがあります。

①筋肉・骨格の成長を促《うなが》す
②性欲・性衝動《しょうどう》を起こす、勃起《ぼっき》のスイッチを入れる
③前向きな思考・やる気・集中力を引き出す

その他にも、テストステロンは内臓脂肪がつくのを抑えたり、動脈硬化を防いだり、造血作用（血液をつくる）や判断力・記憶力などの認知機能にも関係することがわかってきました。

男性ホルモンの加齢による変化

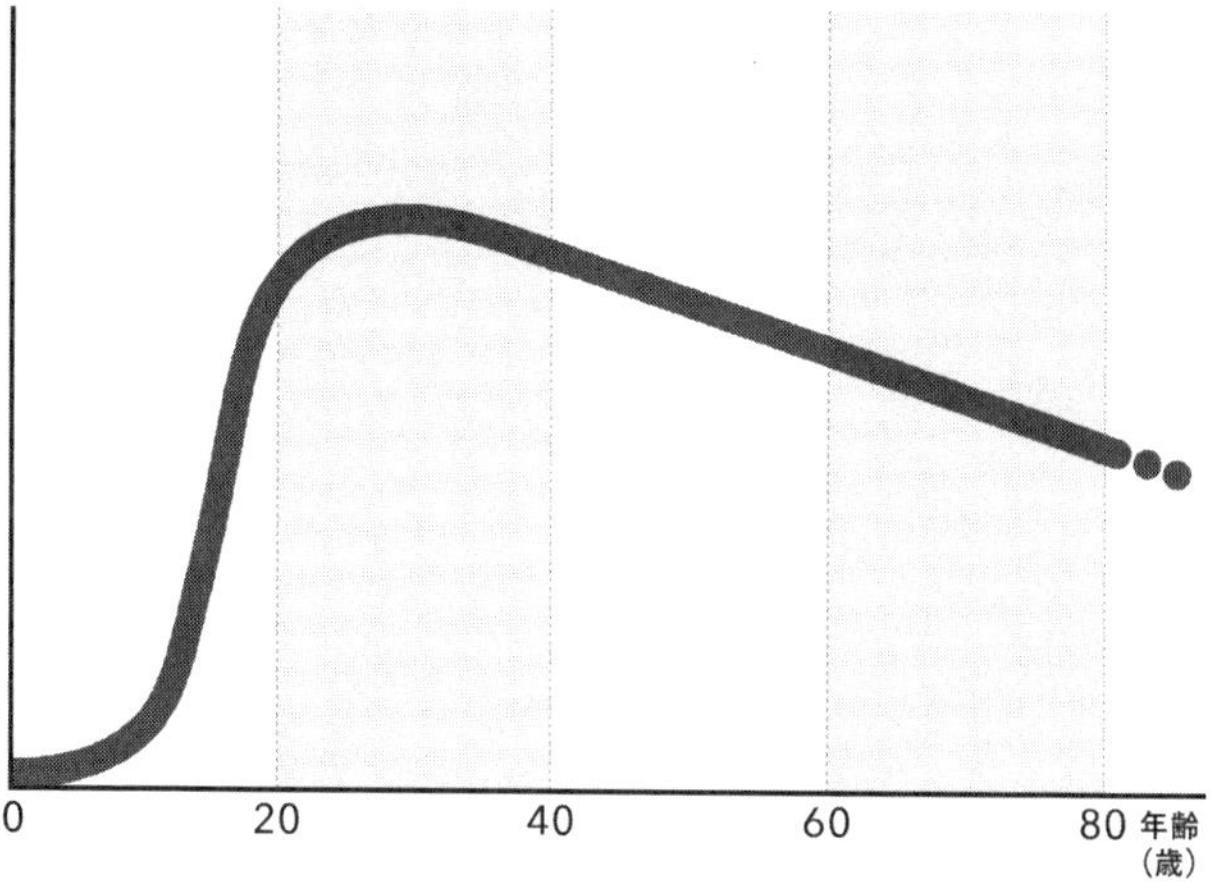

このテストステロンは、男性の場合、およそ95％が睾丸で、残りの5％が副腎からつくられて分泌されます。分泌量は20代前半がピークで、その後、年齢を重ねるごとに緩やかに減っていきます。ただし、減り方には個人差があります。

「男性ホルモン」というと、男性のからだでしかつくられないイメージがありますが、テストステロンは女性のからだでも、卵巣や副腎でつくられます。女性の場合、エストロゲンが急減する閉経以降は、テストステロンが台頭して、気力や健康を担ってくれるようになります。

私も仕事に支障をきたすほどの更年期障害に悩まされたひとりですが、少量のエストロゲンを補充する女性ホルモン補充療法（HRT）に加えて、医師の指導の下、テストステロンの補充療法も行いました。

よく「先生は本業以外にも作家、ユーチューバーと精力的に活動していますね」と言われますが、「やる気」を引き起こすのは、テストステロンの数ある効果のひとつです。

このように、女性にとっても心身の健康に欠かせないテストステロンですが、女性のからだでつくられる量は、男性の10分の1程度。もちろんテストステロンだけが性欲や性衝動の引き金ではありませんが、その**分泌量に10倍の差**があるわけですから、男性のほうが一般的に性欲が強いと考えられているのも、納得がいくと思います。

男性にも更年期障害はある？

ただし、男性の性欲にも個人差があります。「ストレスでめっきり性欲が湧かなくて」という男性のボヤきを聞いたことはありませんか？

性欲を司るテストステロンは、なにも睾丸で勝手につくられているわけではありません。脳と睾丸の巧みな連携プレイが必要になります。脳のコントロールセンターである視床下部《ししょうかぶ》という部分からGnRH（性腺刺激ホルモン放出ホルモン）が分泌されることで、今度は下垂体《かすいたい》から性腺刺激ホルモンのLH（黄体形成ホルモン）が産生され、その結果、睾丸でテストステロンがつくられるのです。

ですから、脳がストレスや睡眠不足などの影響でうまく司令を出せなくなってしまうと、どんなに睾丸が必死にテストステロンをつくろうとしてもうまくいかなくなり、分泌量が減ってしまいます。

最近の研究では、男性におけるテストステロンの分泌量の激減が、女性の更年期障害のような症状（倦怠感、朝起きられない、抑うつなどの症状）を引き起こすこともわかってきました。この男性の更年期障害を医学的には「加齢男性性腺機能低下症：LOH症候群」と言います。また、テストステロンの減少は、認知症にも大きな影響を与えることがわかってきました。

男性の場合、テストステロンは年齢とともに緩やかなカーブを描くように減少していきます。ただし、その減少の仕方には個人差が大きく、30代で大きく減少する人もいれば、中高年になってもあまり減らない人もいます。そのため60代や70代、さらに80代になっても精力的な方がいる一方で、若くして性欲がなくなっていく人もいます。環境や体調、精神状態によっても左右されるので、女性は「男はすべて下心で生きている」と思わず、あくまで目の前の男性に向き合ってほしいものです。

なぜ疲れるとセックスしたくなるのか？

「仕事で疲れてセックスする体力がない」と嘆く男性がいる一方で、「仕事でからだがしんどいときほど、セックスしたくなる」という人もいます。これはなぜなのでしょう。

・ストレス解消のカギは「ドーパミン」

ここでカギを握るのは脳内神経伝達物質です。

一般的に、男性は射精をするとオルガズムに至りますが、このとき、脳のなかの報酬系という部位で、脳内神経伝達物質のひとつ「ドーパミン」が分泌されています。ドーパミンは別名「快楽ホルモン」とも呼ばれるように、快楽や多幸感をもたらします。ドーパミンの働きによって「気持ちいい！」、

「スッキリした！」、「スカッとした！」といった感覚になるので、ストレス解消にも一役買ってくれます。

このドーパミンには脳内麻薬のような側面もあり、ギャンブルなどの依存症の場合、一時的な高揚感や快感をドーパミンによって味わうことで、本人が「やめたい」と思っても問題行動をやめられない……といったことも起こります。仕事などで疲労困憊《こんぱい》なときほどセックスをしたくなる人は、すでに仕事の充実感でドーパミンが出始めていたり、あるいはストレスを発散するために本能的にドーパミンを求めている状態だと考えられます。長く緊張状態にあったため、セックスによる解放感を求めているのです。

一方、女性の場合はどうでしょう。女性のなかにも疲れているときこそ「セックスしたい！」と思う方はいるでしょう。しかし、その割合は男性よりも少ないと考えられます。

その背景にあるのが、女性のオルガズムに至る割合です。

少し古いデータですが、コンドームメーカーのデュレックスが行った世界最大規模の調査「デュレックス・セクシャル・ウェルビーイング・グローバル・サーベイ」において、オルガズムの頻度を尋ねたものがあります（回答者は26か国・2万6032人、2006年にインターネットで調査）。

この調査によれば、女性のうち「毎回オルガズムに達する」のは世界平均で32％。ところが、日本人女性となるとわずか11％。つまり、毎回セックスでイケるのは10人に1人ということです。ちなみに、1位はメキシコの51％でした。

男女間のセックスの満足度のギャップを「プレジャーギャップ」とも言います。射精をすればオルガズムを得られる男性に対して、女性は10人に1人しか毎回オルガズムを得られません。つまり、大多数の女性にとって、セックスは必ずドーパミンによる快楽をもたらしてくれる行為とは限らないのです。

女性にとって、「セックス＝ストレス解消法」とは必ずしもならない。こうした男女の違いをきちんと理解していることが、すれ違いや溝を埋めていく助けとなるはずです。

彼がイカないのは、私に魅力がないから？

「いいムードになってセックスしたのに、彼がなかなかイカない」

「私じゃ、満足できないのかな？」


恋人やパートナーの、射精するまでに時間がかかってしまう「遅漏」や、途中で元気がなくなってしまう「中折れ」に悩む女性は少なくありません。

彼が射精するタイミングを待っているうちに、膣から出る分泌液、いわゆる愛液が乾いてしまい、「なんだかヒリヒリしてしまった……」といった経験のある方もいるでしょう。また、「私に魅力がないから、彼が射精しないんだ」と落ち込む人もいます。

そもそも遅漏には「○分以内に射精できなかったら遅漏」といった絶対的な基準はありません。

遅漏とは、「射精に時間がかかりすぎる、もしくは射精できないことによって本人やパートナーがストレスを感じている」状態を指します。日本人の平均挿入時間は16分というデータもありますが、「5分でイッてほしい」という女性にとっては、16分間も挿入されていたら「遅い！早くイッて……」となりますし、「30分は頑張ってもらわないと！」という女性にとって、16分はむしろ「早漏」になってしまいますよね。

遅漏とは、二人の満足度で決まる相対的なものであることは、この機会にぜひ女性にも知ってほしいところです。

とはいえ、「射精したいのにできない」「時間がかかって苦痛すら感じる」としたら、二人のセックスの満足度は下がってしまいます。

・勃起は副交感神経、射精は交感神経

ここで、あらためて勃起と射精について考えてみましょう。男性にも女性にも、「勃起と射精はワンセット」と考えている人は多いと思います。しかし、実は**勃起と射精は、それぞれ司る自律神経が異なります。**

自律神経とは、私たちの意思とは関係なく勝手に（自律的に）働く神経のことを指します。たとえば、私たちは寝ているときに、特に「呼吸をしよう」と意識せずとも自然と呼吸していますよね。また、食事のとき、食べ物を口に入れると、自分ではなにも意識しなくても唾液が出て、胃腸が消化してくれます。これらはすべて自律神経の働きによるもの。自律神経は呼吸や体温、血圧、心拍、消化、代謝、排尿や排便など「生命維持を司る神経」で、休むことなく働き続けています。

そして、男性の勃起や射精にも、この自律神経が深く関わっています。性的な刺激を受けて男性のペニスが勃起するときは副交感神経、射精をするときは交感神経と、まったく別の自律神経が働いています。

簡単に言うと、交感神経は「活動するときに働く神経」で、副交感神経は「休息やリラックスするときに働く神経」です。男性の場合、快感を得て副交感神経が優位になると、ペニスの血管が拡張したり、前立腺液が増加したりします。対して、交感神経が優位になると、心拍数が上がり、膀胱括約筋や骨盤底筋の一部、精のうが収縮し、射精に至る準備が始まります。

つまり、**勃起と射精がスムーズに行われるには、「副交感神経→交感神経」がタイミングよく切り替わることが不可欠**なのです。

・セックスと自律神経の関係性

この交感神経と副交感神経は、どちらか片方が強く働けばいいというものではありません。2つの自律神経が「やじろべえ」のように絶妙なバランスを保ち、からだのさまざまな機能を調整してくれているのです。
セックスにおいて、このバランスがうまく保てない男性のからだでは、

・血管が拡充しない
・太く硬くならない
・精液がつくれない
・精液が噴出しない
・射精そのものができない

といったことが起こり得ます。

自律神経がうまく働かなくなる要因として、よく考えられるのがストレスです。現代社会でストレスと無縁という人はなかなかいないでしょうし、適度なストレスは人生の張り合いにもなります。しかし、仕事で無理をしたり、

上司のパワハラに心を病むなど、過度なプレッシャーが原因で射精がスムーズにいかなくなってしまうことは大いに考えられます。

自律神経は、「よし、交感神経よ、オンになれ！」などと自分の意思でコントロールできるものではありません。ただし、運動をすることで自律神経の働きにメリハリを与え、整えることはできます。

たとえばランニングをすると、交感神経が優位になり、心拍数が上がり血管が収縮します。その後、少し休憩すると、今度はリラックスモードの副交感神経が優位になり、筋肉が緩み、血管が拡張して血流が改善する……といった具合です。これを習慣にすることで、自律神経が整い、交感神経と副交感神経の切り替えもスムーズになることが期待できるのです。

また、遅漏の原因として、床にペニスをこすりつけるなど誤ったマスターベーションの方法に慣れてしまい、女性の膣で射精できないという「膣内射精障害」の可能性も考えられます。

彼がなかなか射精できないのは、女性のせいとは限りません。二人で一緒にランニングをしてみる、といったことから始めてみるのもいいでしょう。

・リラックスしないと勃起できない

男性が最初は勃起していたのに、途中から〝意気消沈〟してしまう。いわゆる「中折れ」によって二人の間に気まずい空気が流れた……という経験のある女性もいるでしょう。

射精には、副交感神経と交感神経がタイミングよく切り替わることが大切とお話ししました。しかし、「ちゃんと最後までイカなくちゃ」、「ベストタイミングで射精しないと」といった焦りやプレッシャーがあると、本来は副交感神経が優位になるべき勃起時に、交感神経が優位になってしまい、ペニスの血管が収縮して、勃起を維持できなくなってしまうことがあります。男性はリラックスした状態で副交感神経が優位にならないと、勃起しないというわけです。

もしも、男性が途中で再起不能になったら、そこで無理やり勃起させようとすると、余計に焦ってしまいます。ですから、二人でひと息ついて、軽いハグやキス、愛撫をしながら男性をリラックスさせるのも、女性のやさしさですね。

・骨盤底筋の衰えも中折れの原因に

また、勃起を維持できなくなるその他の要因として、「骨盤底筋の衰え」が考えられます。骨盤底筋とは、骨盤内にまるでハンモックのように張り巡らされた筋肉の総称で、男性なら前立腺や精のうなど、女性なら子宮や膀胱などの臓器を守り、支える役割があります。

この骨盤底筋の靭帯《じんたい》や筋肉が、セックスのときにはペニスをギュギュッと締め上げることで勃起が維持されるのですが、加齢や運動不足などから骨盤底筋が衰えてしまうと、支えきれずに中折れしやすくなるのです。

骨盤底筋を鍛えるには、ウォーキングやスクワットなど下半身を鍛えることが重要になります。運動不足はセックスにとって大敵。ダイエットや健康といった自分のためだと続かないという人も、パートナーのためと思えば、頑張れるかもしれませんね。

なんですぐ寝ちゃうの？「賢者タイム」の謎

「セックスのあと、甘いピロートークを楽しみたいのに、恋人がすぐに寝てしまう。できるならもう一回、したいのに……」

「さっきまであんなに情熱的に求めてくれたのに、終わったら背を向けて寝るってあり得ない！　もしかして、からだ目当て？」

セックスをする前はお互いに「したい」という積極的な性的同意があったとしても、事後の振る舞い次第で、「あれは遊びだったの？」とモヤモヤしたり、疑ってしまうこともあるでしょう。

ここで取り上げるのが、いわゆる射精後に訪れる「賢者タイム」です。性反応の4段階では、オルガズム期のあとに消退期がやってくることはすでにお話ししました。賢者タイムは、この消退期に起こるものです。

もともと賢者タイムという言葉はネットスラングなので、厳密な医学的定義はないのですが、「性交や自慰行為でオルガズムに達したあとに見られる、急激に性欲が減退している状態」（『新語時事用語辞典』）と説明されています。

セックスやマスターベーションでオルガズムを得ると、脳内には愛情ホルモンのオキシトシンや快楽を生むドーパミン、鎮痛・鎮静作用を生むβ－エンドルフィンなど、さまざまな脳内ホルモンが分泌されます。またセロトニンという睡眠・覚醒のリズムを整える物質も分泌され、自然で質の良い睡眠に導きます。

特に男性が射精をした後は、**プロラクチンという、ドーパミンの興奮作用を抑制し、眠気を起こす物質が脳内から分泌**されます。これが賢者タイムの正体です。興奮状態から落ち着き、ぼーっとしてしまうのは、なにも女性への愛情がなくなったからではありません。

もちろん、賢者タイムを理由に女性を雑に扱っていいとはなりませんが、女性もこうした男性のメカニズムを知っていれば、セックスのあと、思わず寝落ちしてしまったパートナーの横顔を見て「仕方ないなあ……」と苦笑いできる心の余裕も生まれてくるのではないでしょうか。

・賢者タイムは人それぞれ。男女でも違う

この賢者タイムも、性欲同様に個人差が大きいものです。そのためには、まずは平均を知り、その上で自分やパートナーはどのようなタイプなのかを知ることが大切です。

アダルトグッズを手がける株式会社TENGAの調査によれば、男性は96%の人が、そして女性も64%の人が賢者タイムを経験しています。男女とも

にセックスのあとよりマスターベーションのあとのほうが賢者タイムになりやすいことは共通していますが、その平均時間は男性が約25分、女性は約6分と男女で大きく差があります。特に男性は、賢者タイムが「1分以内」という人もいれば、射精後は6時間以上もぐったりしている（！）という人もいるなど、個々のバラつきが女性以上に大きいのが特徴です。もちろん、女性のなかにも賢者タイムでぐったりしてしまう人もいれば、男性のなかにも甘いピロートークを望んでいる人がいるはずです。

思い込みや勘違いに捉われず、まずは正しく男女の違いや平均値を知り、その上で目の前の相手に向き合えば、お互いの心とからだへの理解とおもいやりは、さらに深まるはずです。

女性は「ヒステリー」?

「ヒステリー」の語源は次のうち、どれを意味する言葉でしょうか?

1. 心臓
2. 子宮
3. 脳

正解は「2」。古代ギリシャ語で「子宮」を意味するhysteraがその由来です。突然怒りだしたり、感情がコントロールできない状態を「ヒステリー」と言ったりしますが、当時は「子宮が体内で暴れ回って悪さをする病気」と考えられていたようです。その後も西洋では長らく「ヒステリーは女の病」とされていました。

いまでも「女性は子宮で考える」といったことを言う人がいます。たしかに、女性ホルモンはメンタルにも影響を与えます。しかし、その分泌を司るのは卵巣です。そして、その卵巣に司令を与えるのは脳の役割。つまり、子宮で考えるという表現は医学的に不適切です。

感情のコントロールを失い「ヒステリー」になるのは、女性だけではないことを、皆さんもよくご存じだと思います。コンビニで店員を大声で怒鳴りつける、駅構内で他人にわざとぶつかるなど、公共の場でキレる人のなかには男性も多く、ときに社会問題にもなっています。

加齢とともに「すぐにキレる」、「暴言を吐く」など感情の制御ができなくなるのは、脳の前頭葉が衰え、ブレーキがうまく働かなくなることが大きな要因です。また、若い人でも栄養が極端に不足していたり、強いストレスを受けたりすると、脳が正しく働かなくなってしまいます。ヒステリーは子宮より脳の働き次第と思えば、女性へのうがった見方も消えていくのではないでしょうか。

第3章

「勘違い」だらけのセックス

第2章では、やさしくなるためには、まずは「知る」ことが大切という観点から、男女の性のメカニズムについてお話ししました。ただ、それ以外にも、セックスに関する思い込みや勘違いはたくさんあります。

性欲とアルコールの気になる関係

セクハラや性加害が生まれる場所として、「お酒の席」は頻繁に登場します。アルコールはロマンチックな二人の夜を彩ってくれもしますが、同時にリスクもつきものです。「つい、飲み過ぎてしまって……」などと言い訳する人もいますが、そもそも「お酒を飲むと性欲が高まる」のでしょうか？

ここでは、男女ともに知っておきたい性欲とアルコールの関係についてお話ししていきます。

適量のアルコールは人との距離を縮める有効なコミュニケーションツールです。知り合ったばかりの相手でも、アルコールが入ることでリラックスして、打ち解けていくこともできます。

2003年のイギリスでの研究によれば、血中アルコール濃度が0・01%~0・009%のほろ酔い状態になったたになったとき、男性は女性に対して評価が甘くなると報告されています。お酒片手に談笑していたら、隣に座っている女性が妙に色っぽく見えるようになった……そんな経験がある男性もいるのではないでしょうか。

・セクハラは「酒の席」で起こる

そんなコミュニケーションの場である一方、セクハラや性加害が起こりやすいのも「酒の席」です。女性に当たり前のようにお酌《しゃく》をさせる、頭やからだを触る、肩や腰を抱く、卑猥《ひわい》な冗談を言う、「まだ結婚しないの？」、「彼氏とは最近どう？」などとプライベートを詮索《せんさく》する、「ノリ」と称して服を脱ぐなど、酒席での狼藉《ろうぜき》を挙げ始めたらきりがありません。有名企業のトップが、酔った勢いで女性社員に抱きついたなどのニュースも珍しくありません。声を上げやすくなったと言っても、まだまだ氷山の一角でしょう。上司や社長に酒の席で抱きつかれても、多くの人はその場で「イヤ！」とはっきり言いづらいものです。「お酒の席なんだから」、「冗談もわからないヤツだな！」などと言う周囲の人間もいるかもしれません。

また、お酒に酔って前後不覚になった女性をホテルに連れ込んだり、睡眠薬などの薬をお酒に混ぜて、相手の意識をもうろうとさせたり、抵抗できない状態にしてセックスをする……といった卑劣な事件もあります。当然ながらこういった行為は、性的同意を取っているとは言えず、内閣府のホームページでも「相手が抵抗できない状態で、性交やわいせつな行為を行うことは、性別を問わず刑法の処罰の対象となり得ます」と明言されています。ここに「性別を問わず」とあるように、こうしたセクハラやアルハラは、男性から女性に行われるものだけでなく、女性から男性はもちろん、同性同士のケースもあります。

女性上司が部下の男性に「男のくせにお酒が弱いなんて、将来出世しないわよ！」とアルコールを強要したり、男性上司が部下の男性に「筋肉すごいね～」などと言って二の腕や胸をなで回す……などです。ときに当の本人はセクハラをしているという意識がないパターンも少なくありません。

・アルコールで性欲は高まらない

では、このようなセクハラや性加害がお酒の席で起こりやすいのは、「アルコールで性欲が高まったから」でしょうか。

すでにお話ししたように、性欲を司るのは男性ホルモンのテストステロンです。たしかに、少量のアルコールでテストステロンの値が上がるという報告もあります。ですが、それだけで性欲がセクハラや性加害を抑えきれないほど高まるとは言えませんし、過度な飲酒は、むしろテストステロンに悪影響を与えます。

結論から述べると、お酒を飲んでセクハラや性的な行為に走るのは、テストステロンの値《あたい》が高まったからではなく、**脳の前頭葉《ぜんとうよう》の働きが鈍くなったから**です。

この「前頭葉」という部分は、おもに認知機能を司り、感情をコントロールする、いわば「感情のブレーキ役」です。しかし、アルコールが入るとこの前頭葉の働きが鈍くなってしまい、感情が制御不能に陥ってしまうのです。

たとえば、職場で若い女性が前日と同じ洋服を着て出社したとします。そのとき、「あ、さては恋人の家に泊まって、そのまま出社したのかな」と内心思っても、シラフなら「さすがにこれはセクハラになるから言わないほうがいいだろう」と思いとどまるものです。しかし、アルコールが入ると、前頭葉によるブレーキが利かなくなっているため、「昨日、いいことあったでしょう？」、「彼氏と順調なの？」といったセクハラ発言をしてしまうのです。

・アルコールでストレスは解消されない

「アルコールを飲むことで、ストレスやプレッシャーから解放される」という人もいます。しかし、実際はストレスやプレッシャーがアルコールで霧散したわけでなく、**アルコールによって感覚が麻痺し、感じにくくなっているだけ**です。

日本のお酒や酔っぱらいに対する寛容さは、世界でも屈指と言われています。海外では、ビーチでの飲酒が禁止されている国や地域も多いですが、日本では「海の家」でお酒を売っているのは当たり前。また、自動販売機で自由にお酒を買えることに驚く海外からの観光客も多いと言います。

このような「酔っ払いに甘い」文化土壌で育ってきた私たちは、たとえセクハラやアルハラが目の前で起こったとしても、「お酒の席だから」と穏便《おんびん》に済まそうとしてしまいがちです。しかし、これはアルコールによるハラスメントや性加害の被害を矮小化《わいしょうか》する「二次加害」につながります。

そもそも「お酒のせい」で別人になったり、性欲が急激に高まるのではありません。感情のブレーキがゆるみ、その人の持っている「本性」が表に出てくるだけです。「結構、飲んでいたから許してあげて」ではなく、普段はどんなに立派に振る舞っていても、飲んで本性を現した姿こそ、その人そのものなのです。

性器が黒ずんでいると「遊んでいる」証拠？

「デリケートゾーンが黒ずんでいるのは遊んでいる証拠」、「乳首が黒い人は経験人数が多い」など、性器の黒ずみと性体験の豊富さを関連づける言説も、まことしやかに語られています。特に若い女性は、「胸の形や大きさ」や「デリケートゾーンのにおいや黒ずみ」といった外見的要素に不安を抱きがちです。

しかし、結論から言えば、**「性体験が豊富＝性器が黒ずむ」という言説にはなんの根拠もありません。**

・黒ずみの原因はホルモンと摩擦

黒ずみの原因として考えられるのは、**ホルモンの影響と摩擦**です。女性は妊娠すると乳首が黒くなるのですが、これは女性ホルモンのエストロゲンやプロゲステロンが多く分泌されるためです。女性ホルモンは、メラノサイトという色素細胞を刺激する作用があり、その影響で乳首に黒ずみが生じやすくなります。産後、ホルモンバランスが通常に戻ると、徐々に薄くなる人もいます。

更年期以降は、女性ホルモンのエストロゲンの低下により、大陰唇の皮膚が薄くなったり、脂肪が減って痩《や》せてきたりすると、黒ずんで見えることがあります。痩せて肘《ひじ》の皮膚がシワっぽくなると、その部分が黒ずんで見えることもありますよね。大陰唇も同じです。

　こうした変化を感じた方には、エストロゲンの有用成分、エストラジオール配合のオイルを使ったデリケートゾーンのマッサージをおすすめしています。エストラジオールで保湿することで、「たるんでいた大陰唇にハリが出てきた！」という方もたくさんいます。

　また、肌は摩擦や刺激を受けるとメラニン色素が活発になる性質を持っており、下着の摩擦などで黒ずみが増すことがあります。摩擦を避けるためには、陰部に当たるクロッチ（股間）が広いショーツにする、肌に負荷がかからないコットン素材の下着にするといった方法があります。

　毎日、ほぼ24時間着用している下着と比べて、セックスをしている時間は格段に短いものです。「セックスしまくっているとデリケートゾーンや乳首が黒ずむ」といったことは、まずあり得ません。

中イキのほうが尊い？

富永ペインクリニックの性交痛外来では「どうしたら中でイケますか？」「中イキしたことがないのですが、私のからだはおかしいでしょうか？」という女性からの相談をよく受けます。男性から「彼女が中でイカないんです。自分のテクニック不足なのでは？」といった不安の声もあります。

中イキの対義語は「外イキ」ですが、このような相談を受けるたび、「中イキは、外イキよりも尊い」というイメージを持っている人が、ことのほか多いことに気づかされます。

・中イキできる女性は3～6割

まず、言葉の定義から整理していきましょう。

中イキとは、挿入にともなう膣のGスポットや子宮入り口の子宮頸部《けいぶ》の刺激でオルガズムを得ることです。子宮頸部のお腹側（Anterior fornix）は、頭文字を取って「Aスポット」、子宮頸部のお尻側（Posterior fornix）は、頭文を取って「Pスポット」と呼ばれています。このAスポットとPスポットを合わせて「ポルチオ性感帯」と呼ぶこともあります。

一方、外イキとは、クリトリスや外陰部の刺激によってオルガズムを得ることです。

2000年に行われたカトラー博士らによる調査では、128人の健康な女性のうち、クリトリスへの刺激でオルガズムを得られた人は94％に達しました。しかし、Gスポットでオルガズムを得られた人は63％、子宮頸部（ポルチオ）は35％と、中に行くほどその割合が減っていくことがあきらかになっています。

このデータからも、たしかに中イキできる女性のほうが希少性は高いとは言えます。さらに世代によって中イキできる割合には大きな差があり、セックスの経験値が多い熟年の女性ほど中イキできる比率が上がると言われています。

・クリトリスは「ビンビン」、ポルチオは「ジーン」

なぜ、中イキできる女性が少ないのでしょうか？　外イキは、おもにクリトリスへの刺激によるものです。クリトリスは陰部神経という感覚神経の一種がもっとも密集した場所で、性的刺激を得るためだけに存在する特殊な器官です。そんな快感を得る神経が集中し、かつ体表に突出するクリトリスを直接刺激する外イキに対して、中イキはGスポットやポルチオといった「からだのなかにある性感帯」を刺激しなくてはなりません。

ポルチオには、脳から直接出ている脳神経のひとつ「迷走神経」が通っています。迷走神経とは胃や腸、肝臓など臓器を支配する神経で、脊髄《せきずい》を介さずに脳にダイレクトに刺激を伝達できるのが特徴です。

からだの表に出ているクリトリスが「ビンビン」と感じるのに対して、ポルチオは「ジーン」と奥深いところで感じる神経です。手の甲を針で刺されたらすぐにチクッとした痛みを感じますが、胃腸などの内臓に食べ物が入っていってもどんなふうに動いているのかわかりにくい……と言ったらわかりやすいでしょうか。そのため、男性がポルチオを刺激しようと深くピストンで突き上げると、女性は腹痛に似たような鈍痛を感じることがあります。「奥のほうに性感帯があるんだろう」と男性が深く強く突けば、女性が気持ちよくなるわけではないので、注意しなくてはなりません。

この体のなかの性感帯であるGスポットやポルチオが「気持ちいい」と感じるようになるためには、相応の経験や学習が必要になってくるのです。

・まずは外イキから

こうした話を聞くと、「ぜひ自分もパートナーを深い快感に導きたい」と思う熱心な方もいるかと思います。

しかし、くり返しますが中イキできる女性は、3割から多くて6割です。

過半数の人が中でイケないとしたら、中イキを目指すセックスは、はたして二人にとって幸福と言えるのでしょうか。ときに「彼女の新たな性感帯、ポルチオを開発するぞ！」と意気込む方もいますが、一方的なニュアンスのある「開発」よりも、二人で手を取り合いながら、少しずつセックスを深めていったほうが、結果的に得られる快楽やよろこびは増すと思います。

女性がセックスで「最高に気持ちいい」と感じるのは、**心からリラックスした状態でオルガズムを得るとき**です。オルガズムに達するとドーパミン、β-エンドルフィン、オキシトシンといった脳内神経伝達物質が放出されることはすでにお話ししましたが、それらの脳内物質により皮膚の感覚神経が研ぎ澄まされ、さらに敏感になり、ちょっとした刺激でも「気持ちいい」と感じるようになります。

クリトリスで外イキできる女性は9割以上とお話ししたとおり、外イキは「ほぼ百発百中のオルガズム」です。はじめから難易度の高い中イキを目指すよりも、セックスの序盤でクリトリスによるオルガズム（外イキ）を味わうことで、女性はリラックスし、感度も増していきます。場合によっては、序盤の外イキが快感の呼び水となり、そのあと、より深く激しいオルガズムに結びつくこともあるでしょう。

お互いの愛情を確認するのがセックスという行為であり、「中イキに導いた！」と手柄を求めることが目的ではありません。イメージどおりに事を運ぼうとするよりも、相手の反応を見ながら、柔軟に自分のやり方を変えていくことが大切です。

再現性の低い中イキを初めから目指すよりも、まずは確実な外イキを味わってもらうことで、より深い快感とリラックスに導く——こちらのほうが「やさしいセックス」と言えるのはあきらかですね。

ED治療薬は心臓に悪い？

ストレス社会と言われる現代において、いまや若い世代でもEDに悩む人は少なくありません。年齢を重ねると性欲を司るテストステロンが減少し、性欲そのものがわきにくくなりますが、若くてもストレスなどで思うように勃起できない人もいます。「いざというときに勃たない」という悩みや不安を解消するためにED治療薬を服用する人は、年齢問わずとても多くいます。

しかし、ED治療薬というと、「心臓に悪いのでは？」、「飲むと腹上死《ふくじょうし》するのでは？」といった懸念もまことしやかに語られています。

たしかに過去には、友人からもらったバイアグラを服用した男性が、セックスをしたあとに倒れ、死亡した事例もあります。しかし、死亡した男性は高血圧、糖尿病、不整脈の治療中で、ED治療薬との併用がタブーであるニトログリセリンを服用していたというのです。

ED治療薬は本来、医師の正しい診断や管理のもとに使われる薬ですが、こういったイレギュラーな服用による死亡事例が、日本だけでなく世界各国のメディアでセンセーショナルに取り上げられました。そのため「ED治療薬＝危険」といったイメージが広まっていったのだと思われます。

・血管のアンチエイジングにも効果的

実際には、ED治療薬は心臓に悪いどころか、血流の巡りを改善し、心臓の負担を減らしてくれる薬です。

最近の研究では、ED治療薬は性機能を回復させるだけでなく、**血管の若返りやアンチエイジング効果**があることが報告されています。動脈硬化で傷んだ血管内皮を修復する「血管内皮前《ぜん》駆《く》細胞」という細胞が増えたり、動脈硬化の人がED治療薬を飲むと心臓や血管の病気を予防できる可能性があるとも言われています。

また、ED治療薬の成分が「ザルティア」という**前立腺肥大症の治療薬**にも使われています。ED治療薬のひとつであるシアリスの有効成分「タダラフィル」の働きによって、PDE5と呼ばれる酵素の働きがブロックされ、膀胱や前立腺の血流量が増えて排尿障害が改善する作用があります（もちろん前立腺肥大症の治療薬は、有効成分の含まれる量も異なるので、それぞれの処方には専門医による診察や診断が必要です）。

ED治療薬というと、「飲んだらムラムラするの？」と催淫《さいいん》効果を期待したり、「性欲が収まらなくなったらどうしよう」と不安になる方もいます。

しかし、ED治療薬は、簡単に言えば、血管を拡張する薬です。媚薬《びやく》ではありません。飲んだからといって性欲が増したり、ムラムラしたりすることはないので、安心してください。

ＥＤ治療薬と「ステーキ＆ワイン」の相性が最悪な理由

「ステーキを食べて、フルボディのワインを飲んで……彼女もご満悦だし、バイアグラを飲んで、激しい夜を迎えるぞ！」

そんな意気込みに反して、思ったような結果が出ずに、「あの医者、ヤブか？」と恨んだり、薬の効き目を疑ったり……。「ＥＤ治療薬の正しい効き目を感じられない」という悩みや相談は、私のもとにもたくさん寄せられます。

一般的にステーキは「精がつく」と思われていますし、ワインも適量ならば二人のムードを盛り上げてくれるはず。では、なぜバイアグラの効果が存分に発揮されなかったのでしょうか？

・脂っこい食事は避けて、空腹で飲む

まず、バイアグラをはじめとした**ED治療薬は、空腹時での服用が基本で**す。服用前にステーキなど脂っぽい料理を食べると、胃や腸壁にべっとりと脂がついてしまい、有効成分がうまく腸管内で吸収されなくなってしまうのです。特にステーキや焼き肉、デザートならプリンといった脂質の多い食事には要注意。よく「薬は食事のあと」というイメージがありますが、バイアグラなどのED治療薬は、空腹時に飲まないと効果がありません。

もし、「ゆっくり食事を楽しみたい」という方は、ED治療薬のなかでも**食事の影響をもっとも受けにくいシアリスを選ぶ**と良いでしょう。

・満腹ではペニスに血液が集まらない

次に食事と血流の問題です。性的刺激を受けてペニスの動脈が広がると、陰茎《いんけい》海綿《かいめん》体《たい》の組織に血液が流れ込んで膨張、やがてペニスが硬くなる——これが勃起のメカニズムです。私たちの心臓は全身に血液を送り出すポンプの役割をしていますが、心臓から出た血液は、あらかじめ決められた配分で各臓器に運ばれていきます。安静時には脳に約15％、心臓に約5％、肝臓と消化器に25〜30％……といった具合です。そして、ペニスには運ばれる血液の量は、およそ1％から最大でも約5％に過ぎません。

この血液が各臓器に配分される量は、運動や食事で変化します。運動しているときは、筋肉に血液がたくさん流れますし、食事をしたあとは、胃や腸の消化管を動かすため血液が一気に集まります。そのため、たとえED治療薬を飲んでいたとしても、満腹の状態では胃や腸に血液が集まってしまうため、ペニスにとって「不利」な状態になるのです。

・お酒で自律神経の働きが鈍くなる

同様にお酒にも注意が必要です。ED治療薬は血管を広げてくれる薬ですから、お酒に弱い人がバイアグラと一緒に飲んだ場合、一気に酔いが回って、セックスどころではなくなってしまうこともあります。

お酒を飲むと顔が赤くなる方もいますが、これはアルコールの作用によって、顔の皮膚の血管が拡張して起こる現象です。本来、ペニスに運び込まれるべき血液が、全身の皮膚に分散してしまっては、勃起はなおさら不利になってしまいますよね。

また、自律神経の観点からも、ED治療薬を飲む・飲まないにかかわらず、セックスの前の過度の飲酒はおすすめできません。

すでにお話ししたように「勃起は副交感神経」、「射精は交感神経」がそれぞれ司るわけですが、お酒を飲んでいると、副交感神経↓交感神経の切り替えがうまく行われなくなります。そのため、「なんとか勃起したのはいいけど、お酒を飲んだらなかなかフィニッシュできない」という現象がしばしば起こるのです。

デートでの緊張感を和らげたり、より女性と親密になるために、お酒を口にしたくなる気持ちはよくわかります。ですが、それもほどほどに。セックス前の食事や飲酒は、二人の夜のための前菜くらいに思っていたほうが、濃密な時間を過ごせるのではないでしょうか。

女性は、挿入時間が長いほうが気持ちいい?

世の多くの男性がひそかに気にかけているのが「持続時間」です。「富永喜代の秘密の部屋」で行ったアンケートでも、早漏は男性の性の悩みのトップ5にランクインしました。

「女性は長いピストンを望んでいる」と思い込んでいる人もいまだに多いですし、過去にあっけなく射精したことから、相手に「物足りない」と思われていないか不安をぬぐい切れない人もいます。

・早漏はセックス筋の衰え

では、なぜこらえきれずに、射精をしてしまうのでしょうか。まず早漏の原因として考えられるのが、「セックス筋」と呼ばれる骨盤底筋の衰えです。

男性が性的刺激を受けると、その情報は脳から脊髄を介してペニスに伝達されます。すると、ペニスの陰茎海綿体に血液が流れ込んで、勃起が起こります。やがて快感が増していくと脳から「射精せよ」という司令が下りてきて、骨盤底筋が緊張していきます。すると射精感が高まり、この緊張が限界に達すると、骨盤底筋がリズミカルに収縮し、精液を尿道から押し出して「射精」が起こります。これが勃起と射精の一連の流れです。

しかし、加齢や運動不足などによって骨盤底筋が衰えてしまうと、うまく射精のコントロールが利かず、意図したタイミングよりも早く射精してしまうのです。

骨盤底筋を鍛えるには、ウォーキングやスクワットなど下半身の筋肉を鍛える運動が基本となります。「運動が苦手」という人には、電気の刺激で筋肉を動かすEMSを利用した骨盤底筋を鍛える機器もあります。

・ＥＤ治療薬が「お守り」に

年齢的に骨盤底筋は衰えていなくても、意図せぬタイミングで射精した経験がトラウマになり、「また今度も早く射精しちゃうんじゃないか」という不安から、ますます射精のコントロールが利かなくなってしまう……という悪循環に陥ることもあります。

しかし、思わぬタイミングで果ててしまったときも、バイアグラやレビトラ、シアリスなどのＥＤ治療薬を飲んでいれば、「回復」も早まります。事前にＥＤ治療薬を服用することは、「万が一、暴発してしまっても、自分にはまだチャンスがある！」という精神的なお守りにもなってくれるでしょう。まさに「転ばぬ先の杖」ですね。

２００９年の研究では、レビトラをセックスのたびに服用をすることで、挿入時間が延びるという結果が出ています。これは、バイアグラやシアリスにも同じ効果があるようです。また、服用回数が多い（つまり、セックスの回数が多い）ほど、早漏の改善効果がアップしたという結果も報告されています。つまり、ペニスの血管を押し広げる回数が多ければ多いほど、早漏の改善効果が高いのです。

ただ、まだ若い世代であれば、ED治療薬に抵抗がある人も多いでしょう。ですから、ペニスやその周辺の感覚が敏感で、少しの刺激で射精してしまう人は、コンドームを厚手のものにして、刺激を弱めるのも早漏改善のひとつの方法です。厚手のコンドームなら、たとえ中折れしてもコンドームが外側からコルセットのように「支え」になってくれるので、相手からはあまり気づかれないというメリットもあります。

日頃のマスターベーションでは、射精しそうになったら「こらえる」トレーニングをする。そうすることで、次第に刺激に慣れていき、射精のコントロールができるようになります。

ペニスは大きいほうがいい？

「ペニスは大きいほうが奥まで届くのだから、女性は感じるはず」

そうした思い込みもいまだに強く、ペニスのサイズの悩みは根深いものです。本当に大きければ大きいほど、女性を満足させられるのでしょうか？

・女性は平均よりも「少しだけ大きい」ペニスを選ぶ

そもそも「大きい」とは、どれくらいの大きさなのでしょうか？　ここでまず、日本人の平均値を見てみましょう。

ペニスのサイズ測定は難しく、自己申告制であると信憑性にも欠けてしまいますが、信頼できるデータとして泌尿器科外来の医師による2020年の調査結果があります。それによれば、日本人男性のおおよその平均値は以下のようになります。

・非勃起時の長さ　7・9cm±1・4cm
・勃起時の長さ　11・7cm±2・0cm
・周径（太さ）　8・3cm±0・9cm

では、はたして世の女性は「大きいのがお好き」なのでしょうか。

ここでは、カリフォルニア大学とニューメキシコ大学が行った共同研究の事例をご紹介します。この実験では、被験者の女性75名に、3Dプリンターでつくったさまざまな長さや太さのペニスの模型から、「長く付き合うパートナー」と「一夜限りの相手」という関係性に応じて、それぞれ理想のペニスをひとつずつ選んでもらいました。

すると、大半の女性が選んだ「理想のペニス」は、長さ・太さともに、

「統計の平均値よりわずかに大きいサイズ」だったという結果が出ました。
つまり、女性たちは必ずしも「大きければ大きいほどいい」とは、思っていなかったというわけです。

・85%が「恋人のサイズに満足」

また、カリフォルニア州立大学での5万人を超える大規模調査では、85%の女性が「大小にかかわらず、恋人のペニスのサイズに満足している」と答えた結果が出ています。

さらに、2012年のポルトガルの調査における「ペニスのサイズが感じやすさに関係しているか」という質問には、「サイズは感じやすさに特に関係ない」と回答した女性が全体の60%を占めました。ちなみに、「大きいほうが感じにくい」と答えた人は6・3%となり、これは「ペニスの大きさが感じやすさに直結する」と答えた女性よりも格段に多い数字でした。

・「小さい」と悩むのは危険

「自分のペニスが小さい」と自己評価するとEDのリスクが上がるという調査報告も数多くあります。

「他人と比べて小さい」、「ペニスが小さい自分が女性を満足させられるのか？」という不安が、焦りや緊張を呼び、やがて大事なときに勃たなくなってしまうというのです。ですが、実際はこれまで紹介したように、ペニスの大きさが女性の満足度を左右するほうが稀です。二人のセックスの満足度を上げるためには、まずは自分のセルフイメージを健《すこ》やかに保つことのほうが大切です。勝手な思い込みや噂話を信じるよりも、正しい情報に接し、女性を自信を持って愛するべきでしょう。

膣はキツいほうがいい？

「ペニスは大きいほうがいい」という巨根信仰と対をなすような言説に、「女性はキツいほうがいい」というものがあります。

膣がキツいとは、言い換えれば「締まりがいい」とも言えます。膣の締まりは、その人が生まれ持った「膣の内腔《ないくう》の広さ」だったり、膣の入り口を締めつける骨盤底筋の強さが影響します。低身長の女性は骨盤も小さいため膣の入り口が狭く、膣から子宮頸部までの奥行きも短い傾向があります。もちろん、身長にかかわらず、生まれつき膣が狭い人もいます。

「膣がキツい」状態とは、膣が硬く、柔軟性を失っている状態とも言えます。すでにお話ししましたが、更年期以降に膣萎縮が進んでいたり、リラックスできずに膣分泌物（愛液）が十分に分泌されていないため、膣が硬く、柔軟性を失っていることがあります。当然、こういった状態で挿入されたとしても女性は快感を得られないばかりか、摩擦で痛みすら感じてしまいます。

膣萎縮を起こしている女性に無理に挿入をして、男性が組み伏すことを「気持ちいい」と思っているとしたら、それは性加害にもつながりかねません。

・男性が「キツさ」に執着する理由

では、なぜこれほどまでに「キツさ」にこだわる男性が多いのかも考えてみたいと思います。

女性のオルガズムの兆候は、その多くがはっきりとはわからないものです。そのため、男性にとっては声や表情、言葉などしか、快感を判断する材料がありません。もし、女性が「気持ちいい」、「ここがすごく感じる！」といった声を上げてくれたり、表情で訴えたり、フェラチオを積極的にするなどのリアクションを示してくれれば、男性は「彼女もよろこんでくれているのだな」とフィードバックを得られるでしょう。

　しかし、女性が目をつむったままなど、無反応（俗にいう「マグロ」状態）の場合、男性にとっては「膣」という物理的に判断できる性器の状態でしか、相手が感じているかについての判断材料がなくなってしまうのも事実です。つまり、コミュニケーションが少なく、**相手がどう感じているか判断する材料が少ないからこそ、性器の反応に執着せざるを得ない**のです。

　その意味では、膣のキツさにこだわる男性同様、なにも反応しない「マグロ」な女性にも、キツさ信仰という悲しい勘違いを広めてしまった責任があるのかもしれません。

セックスするとキレイになる？

かつて「セックスをすると女性ホルモンが出て、キレイになる」という話が女性誌を中心にもてはやされました。しかし、結論から言えば、それは嘘。迷信です。

セックスでオルガズムを得ることで出るのは、**ドーパミンやβ-エンドルフィンやオキシトシンといった脳内ホルモン**であって、卵巣から出るエストロゲンなどの女性ホルモンではありません。どちらも「ホルモン」であることから、このような誤解が生まれたのかもしれません。

この「セックスをするとキレイになる」という言葉は、女性の性を解放しているようでいて、セックスがあまり好きでない人やあまりしたくない人にとっては、「セックスってしないといけないの？」、「セックスしないとキレイになれないの？」といった強迫観念じみたメッセージにも聞こえるでしょう。

セックスはしたい人がすればいいし、したくない人はしなくていい。セックスの価値観は「みんな違ってみんないい」です。社会から強制される要素は一片もありません。これがまず、大原則です。

・オルガズムで不眠やストレス解消も

性交痛外来でも、性に積極的になれない女性からの相談を数多く受けます。その際に私がよく伝えるのは、「セックスは無理にしなくていいけど、マスターベーションはしていいんじゃない？」ということです。最近はオナニー、マスターベーションといった言葉に抵抗がある女性もいるので、「セルフプレジャー」という言葉を使うこともあります。

マスターベーションでもオルガズムを得ると、脳内神経伝達物質であるドーパミンやオキシトシンやβエンドルフィンが分泌されます。ドーパミンは報酬系の快楽物質、オキシトシンは多幸感をもたらしてくれる「幸せホルモン」、β－エンドルフィンは鎮静効果がある脳内ホルモンでしたね。こうした脳から出る神経伝達物質によって、ストレスや不眠が解消され、QOL（クオリティ・オブ・ライフ＝生活の質）が総合的に高まります。

マスターベーションのメリットは、**自分のペースでオルガズムを得られる**こと。これは、相手が必要なセックスとの最大の違いです。特に旅行や外食など行動が制限されたコロナ禍以降は、自分だけでストレス解消が完結できるマスターベーションは、その価値が見直されました。

自分がリラックスできるタイミングで心とからだを解放できる「秘密の習慣」を日常のなかに取り入れることで、脳内ホルモンの恩恵にあやかり、ぐっすり眠れて、肌のコンディションが整ったとしたら――その結果として「キレイ」になる可能性は、十分にあるでしょう。

マスターベーションをサポートしてくれるアダルトグッズも、かつてはド派手な色合いのピンクローターや、ウィンウィンとうなりながら動くバイブが主流でしたが、最近は「iroha」をはじめとした、まるで和菓子のような柔らかなデザインのグッズが百貨店やドラッグストアの店頭に展開されています。女性を取り巻くマスターベーションの環境は、ひと昔前とは様変わりしています。

快感を追求したい人は、クリトリスを吸引して98％の女性がオルガズムを得られる「ウーマナイザー」などのグッズもインターネット通販で手軽に入手できます。こちらもかなり高性能で、医療用シリコンでできていて丸洗いができたり、タッチセンサー付きで手を離すと自動で止まる機能がついていたりと、その進化はまさに日進月歩です。

・デリケートゾーンのケアは大人のたしなみ

とはいえ、まだまだ「マスターベーションには抵抗がある」という女性もいるかもしれません。いくら「これからの時代は女性も性を主体的に楽しむもの！」といった風潮が強まったとしても、日本に長く根付いた女性の性欲を否定的にとらえる価値観からは、なかなか自由になれない人もいるでしょう。

そういった方は、なにも無理してマスターベーションをする必要はありません。しかし、特に中高年世代はデリケートゾーンの最低限のケアだけはしておくことを強くおすすめします。

女性のデリケートゾーンは、更年期以降はエストロゲンの減少によって、さまざまなトラブルに見舞われます。これまで外から雑菌が入らないように膣を守ってくれていた善玉菌がエストロゲンとともに減少し、悪玉菌が増えてしまうことで嫌なニオイやかゆみが生じるのも代表的なトラブルのひとつです。

また、デリケートゾーンのうるおいが不足したり、乾燥が気になる方もいるでしょう。こういった性器の変化は、将来的に膣萎縮にもつながります。

加齢によって骨盤底筋が緩むことで、尿もれや頻尿、さらに膀胱や子宮、直腸といった臓器が下がって膣から出てくる「骨盤臓器脱」などのトラブルもあります。近年では、こうしたトラブルを総称したGSM（閉経関連尿路生殖器症候群）という概念も広まりつつあります。

デリケートゾーンのケアの基本は、保湿とマッサージです。

特に私がおすすめするのが、女性ホルモンであるエストロゲンの有効成分、エストラジオール配合のマッサージオイル。エストラジオール保湿することで組織を強くし、手でマッサージすることで組織の柔軟性のアップと血流の改善が期待できます。ニオイ対策には、腟内環境を整えてくれる善玉菌を含んだ保湿ジェルクリームで腟内からアプローチするのも良いですね。

デリケートゾーンは「第二の顔」。顔に美容液を使うように、生殖や生命にも関わる大切なパーツをケアしてあげるのも、「大人の女性のたしなみ」と言えるでしょう。

・もっとマスターベーションすべき理由

一方、男性はどうでしょう。かつては、「マスターベーションしすぎると頭が悪くなる」といった話も聞かれましたが、これも都市伝説です。私はよく男性患者さんには、「中高年からのマスターベーションは性機能トレーニングと思ってどんどんしてください！」とお話しししています。

からだの臓器は、使わないと「もう、この臓器は必要ないんだ」と判断されて「劣化」していきます。必要ないと判断された臓器には血液が送られなくなり、血流が悪化して次第に萎縮し、機能低下が一気に進みます。萎縮し、海綿体組織が硬くなってしまったペニスにはますます血液が送られにくくなり、機能の悪化が進む……という悪循環が起こります。

この負の循環を打破するためにも、マスターベーションは重要です。目標は週4回、毎日でも構いません。アメリカの研究では、月に21回以上射精する人は、月に4～7回の人と比べて前立腺がんのリスクが2割低下することがわかっています。

また、男性が射精によるオルガズムを得ることで体内にDHEAという物質が増え、心臓病の発症率が下がるという研究結果もあります。さらに、イギリスで行われた10年間にわたる追跡調査では、週2回以上のオルガズムを得た男性の死亡率は、月1回以下の男性よりも50％も低いことがわかりました（このオルガズムの効果は、セックスでもマスターベーションでも変わりません）。

男性も女性も、マスターベーションは大いにしてください。まずは自分をケアし、慈《いつく》しむことが、パートナーと良好なコミュニケーションを築く土台にもなるのですから。

セックスはハードな運動?

「セックスは200mを全力ダッシュするぐらい疲れる」というたとえをする男性もいますが、セックスと同じ強度の運動は次のうちどれでしょうか?

1. 平らな場所で早足で歩く
2. サイクリング
3. 水泳

答えは「1」。運動強度は、METs(メッツ)という単位で表します。これは、安静時を1とした場合と比べて何倍のエネルギーを消費するかで活動の強度を示すものです。平らな土地を普通の速さ(時速3.2㎞)で歩くと2METs、サイクリングは8.0METs、水泳は10METs、そして通常の性行為は2〜3METsと言われています。

「セックスは心臓に負担がかかる?」、「腹上死ってあるのかな」と疑問に思う方もいるでしょう。たしかに、情熱的で刺激的なセックスでは興奮度も上がり、やりなれない体位やプレイに挑戦するなど、行為の時間も長くなるので心臓に負担がかかる可能性はあります。

しかし、国内外の研究結果を見ると、たとえ心臓にリスクがある人でも、オルガズムで死亡する確率は非常に低いと言われています。実際、私は麻酔科医として全国各地の救急救命センターに長年勤務していましたが、腹上死に遭遇したことは一度もありません。

オルガズムと健康の関係についてはすでにお話ししたとおり。腹上死どころか、男性も女性もセックスやマスターベーションでオルガズムを得ることは、からだにさまざまなメリットをもたらします。セックスは、人生100年時代の「大人の健康法」とも言えるかもしれませんね。

第4章

やさしいコミュニケーション

一般的に広まっている性にまつわる知識や通説のなかには、誤解や勘違いが含まれるものもあります。それを鵜呑《うの》みにしたままでは、男女の距離は離れていくばかり。セックスにおける思い込みをひとつずつ手放し、正しい知識や認識にアップデートすれば、大切なパートナーともっと愛し合うことができるようになるでしょう。

ただし、いくら正しい知識やハウツーをインプットしても、それだけでは心満たされる本当の「やさしいセックス」にはたどり着けません。愛し合う二人の間に欠かせないのが、「コミュニケーション」です。セックスは究極のコミュニケーションですから、相手とどう交わるか、どう向き合うかがなによりも重要です。この章では、そんなセックスにおけるコミュニケーションのポイントについてお話をしていきます。

マンネリにどう向き合うか？

・ドーパミンの味を知っていれば、マンネリはない

「コミュニケーションが大事なのはわかるけれど、どんなに思いやりがあっても、長年付き合っているとセックスがマンネリ化しちゃいますよ」、「マンネリってどうやって打破すればいいのか、わからないんです」なんて声も聞こえてきそうですね。

まず結論からお話しすると、セックスで「ドーパミン」を味わったことがある人はマンネリを感じません。**快楽ホルモンといわれるドーパミンの味を知っているからこそ、探究心を持ってセックスと向き合い、性を楽しむことができる**のです。

すでに述べてきたように、ドーパミンは興奮を司る脳内の神経伝達物質です。セックスで性欲が満たされたとき、中脳腹側被蓋野《ふくそくひがいや》（ＶＴＡ）という部分が快楽を感じ取り、側坐核《そくざかく》という部分にドーパミンが放出され、やがて脳内の「報酬系」という神経系が活性化され、快感や高揚感、多幸感といった「報酬」がもたらされます。

　セックスで快楽を感じているとき以外にも、おいしいものを食べているとき、楽しいことをしているとき、新しい行動を始めようとするときなどにもドーパミンは分泌されます。また、つらい思いに耐え、頑張って努力したあとにようやく目標が達成されたときなども、ドーパミンが分泌されるシチュエーションです。

　インタビューでアスリートが「ハードなトレーニングはつらくないですか？」という質問に「全然つらくない。むしろ楽しいです」と答えることがありますが、これも単なる格好つけではなく、「ドーパミンの味」を知っているがゆえの本心かもしれません。第三者からすれば、「つらそう」と思える勉強やトレーニングも、目標を達成したご褒美であるドーパミンの味を知ることで「またあの快感を味わいたい」と思い、努力を積み重ねられる……そんな好循環が生まれてくるわけです。

この「ドーパミンの味が忘れられない」ことの負の側面が、薬物などの依存症です。覚醒剤取締法で禁止されている薬物は、脳を直接刺激してドーパミンを強制的に大量分泌するので、たとえ本人が「やめたい」と思っていても、薬物とそれがもたらすドーパミンの誘惑に抵抗できず、依存してしまうのです。

・快楽の記憶は脳に刻まれる

このドーパミンによる快楽の記憶は、脳の海馬《かいば》という場所に強くインプットされます。私はカレーが大好きなのですが、街を歩いていて、カレーの匂いがどこからともなく漂ってくると、思わず唾液が出て、「あぁ、わが家も今夜はカレーにしようかな」と思ったりするものです。これも、過去に「カレーを食べておいしかった」と感じたときに分泌されたドーパミンによる快感の記憶が、脳にインプットされているから。実際にカレーを食べていなくても、匂いをかいだだけで快楽の記憶が思い起こされるのです。それと同じことが、セックスにおいても起こります。

心と心が通じ合うオルガズムの記憶が脳にインプットされているため、「また、あの快感を味わいたい」と思い、セックスがしたくなる。快楽の味、つまりドーパミンを知っているからこそ、さらなる快楽を求め、貪欲《どんよく》な探究心がわいてくるのです。つまり、セックスによる深い快感を二人が味わっていれば、「もっとこんな工夫をしてパートナーによろこんでもらいたい」とお互いが積極的になり、マンネリには陥らないと思います。

逆に、「もう年だし、セックスは別にしなくてもいいかな……」とあきらめモードの人は、ドーパミンの味を十分に知らないのかもしれません。本当の快感を知らないから、「こんなものか」とあきらめられるのです。からだのつながりだけでなく、心まで深く交わる究極のコミュニケーションとして

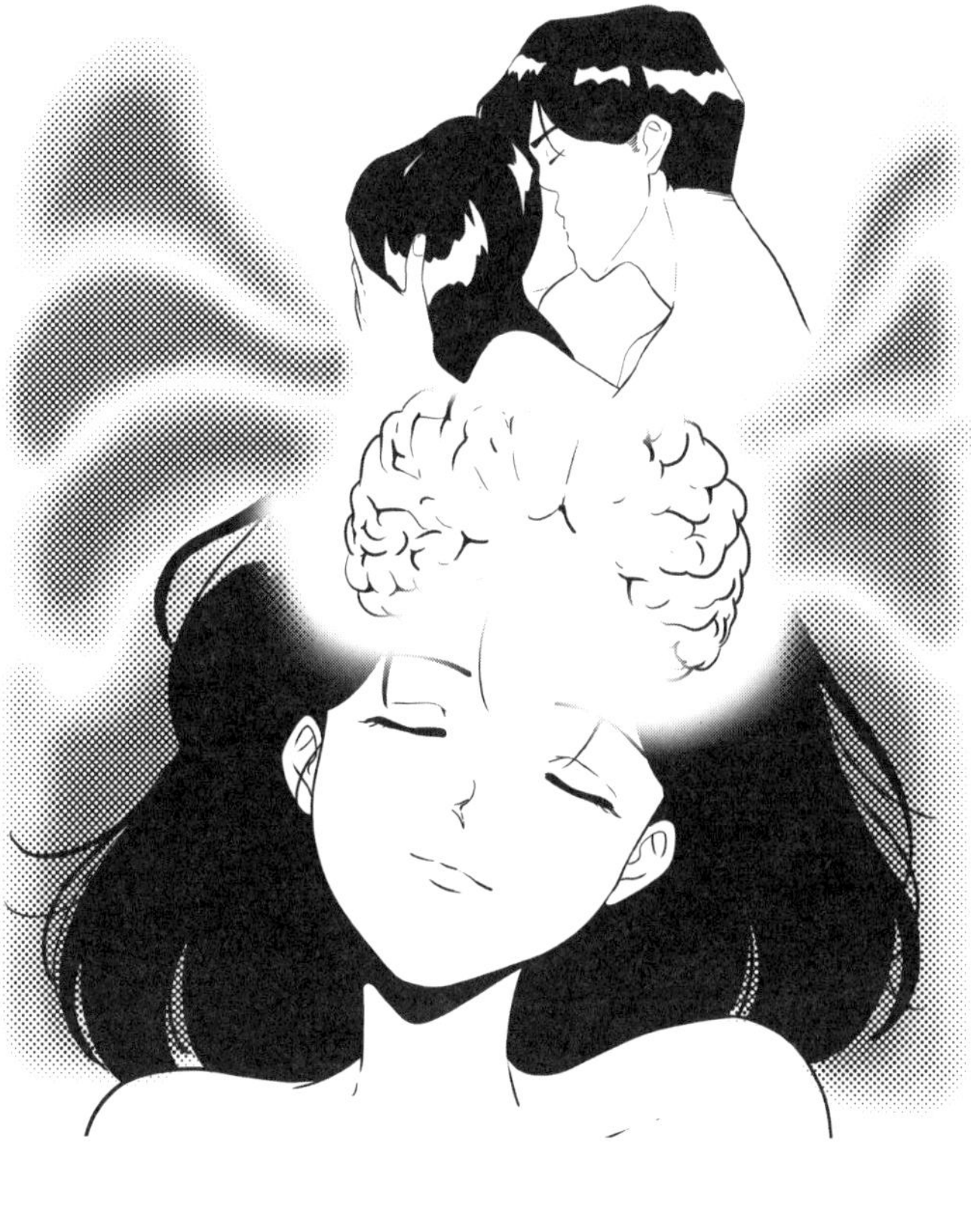

のオルガズムを味わっていないから、「セックスってこの程度のもの」と妙に冷めたスタンスになってしまうのでしょう。

オルガズムは「与えてもらうもの」ではない

・「ドーパミンの味」を知らない女性も多い

特に中高年になると「もうセックスはしなくてもいいかな」、「もはや性欲は凪《なぎ》」、「セルフプレジャーも興味ないし、しません」といった声も聞かれます（最近は、〝絶食系〟という言葉があるくらい、若い世代のなかにもこうした人が増えています）。もちろんセックスをする・しないはその方の自由ですし、セックスをしなくてもパートナーと幸福に過ごしている人は大勢います。しかし、もしも心のどこかで「まだあきらめたくない」と思っているとしたら……それはもったいないことです。

もう一度セックスを楽しめるようになるには、どうすればいいのか？ そのためには「ドーパミンの味」を知ることが大切ですが、女性の場合、どうやっても「オルガズムを得られない」と悩んでいる方が少なくありません。

アダルトグッズで知られる株式会社TENGAによる調査では、「セックスをする際のコンプレックスは？」という質問に対し、30代以降の女性では「中でイクことができない」、「オルガズムを得られない（イケない）」という回答が上位にランクインしています。富永ペインクリニックの性交痛外来にやってくる患者さんでも、オルガズムを得られないことで悩んでいる方はとても多いです。その要因は、心理的なものだったり、性交痛だったりと実にさまざまですが、見過ごせないのが「夫がヘタだから」、「恋人がうまくないから」という意見です。

・「白馬の王子様」はいない

「パートナーのセックスがヘタだから、セックスが全然気持ちよくない！」と訴える女性に強くお伝えしたいのは、「目の前に白馬の王子様が現れると思うな」ということです。

セックスにおいて、自分はただ横になったままで、夢のようなオルガズム体験を手渡してくれる相手はいません。もしも相手が百戦錬磨《れんま》の「性のプロフェッショナル」なら、なにも伝えずとも、すぐさま性感帯を把握して、絶頂の極みに導いてくれるかもしれません。しかし目の前のパートナーは、あなたと出会う前に何人の女性とセックスをしたでしょうか。3人？ 4人？ いや10人ほどでしょうか。いずれにせよ、プロフェッショナルとまではいかないはずです。

パートナーが性のプロフェッショナルでないのなら、相手から快感を与えてもらうことばかり求めていては、オルガズムはいつまでも得られません。相手の行為に対して、「ここが感じるの」、「こうしたらもっと気持ちいい」

といった**フィードバックをして、少しずつお互いを知ることで、快楽をともにつくり上げていく**――これが愛情確認やコミュニケーションとしてのセックスの本質です。

パートナーに常に快感を与える「ギブ」の役回りを期待するのは、フェアではありません。「なんでいつもオレばっかり頑張っているんだろう？ この人はなにもしてくれないし、同じことをくり返しているだけだ……。そもそもセックスを楽しんでいるのかな？」という虚しさや不安が蓄積していけば、やがて不満や慣れ、飽きへと転じ、セックスレスへと至ってしまいます。

彼が愛撫してくれたら「今度は私も」とお返しにそっと愛撫をする。その場でフィードバックをする、そんなふうにお互いがギブの関係になれたら、セックスはより楽しいものになっていくはずです。

・二人で楽しむには、「ひとりで感じる」ことから

「そうはいっても、自分はどこが感じるのか、イマイチわからないのよ」と

いう方は、ぜひマスターベーションをしてみてください。すでに「クリトリスで感じられる女性は9割」というお話をしました。アダルトグッズのなかには、ユーザー女性の98％がオルガズムを得られたという「ウーマナイザー」という心強い味方もいます。

マスターベーションで自分が気持ちいいと感じるポイントを探り、オルガズムを得ることで、まずはひとりでドーパミンの味を知る。そして、「またあの味を味わいたい」とくり返すことで、次第に「イキやすい体」になってくるはずです。**マンネリを脱するには、ひとりでもイケるからだをつくることが**近道。そして、自分がどうしたら感じるかを把握できるようになったら、自分の「好き」をお相手に伝えてみてください。

あふれる情報と上手に付き合う

・その情報、本当に相手も望んでいますか？

週刊誌やインターネットの読み物、YouTubeなど、世の中には「これでマンネリを解消できる！」と謳《うた》う、さまざまなセックスハウツーがあふれています。

たとえば、コスプレ（コスチュームプレイ）やセクシーなランジェリーを身に着けるのも、手軽にできるマンネリ解消法でしょう。服装という視覚情報が変わると、脳も刺激を受け、性的好奇心や探究心がかきたてられます。また、いつも寝室でセックスをするのなら、お風呂に入ってからだを洗いっこしながら愛を深めたり、ラブホテルを利用するなど「場所を変える」、「風景を変える」のも、マンネリ防止に効果的です。

ただしここで一度、立ち止まって考えるべきなのは、「そうしたテクニックやノウハウを本当に相手が望んでいるのか？」という点です。

「ソフトSMがマンネリ解消に効果的！」という情報を知り、アダルトグッズや手足を縛るための拘束具などを買い込んできても、パートナーがそのプレイを望んでいなければ、一方的な押しつけでしかありません。性的同意の「紅茶の動画」に置き換えれば、相手が紅茶を飲みたいと思っていないのに、「この新しい紅茶どう？　おいしいよ！」と押しつけているようなイメージです。

・日常生活から相手のからだの変化を知る

もちろん、相手から提案されたことがきっかけで、新たな快感の扉が開くこともあります。とはいえ、新しいプレイに誘うのであれば、丁寧に同意を得ることが大切です。性的同意同様、同意は誘う側に確認する責任があるのです。

女性は月経周期によって体調が変わりますし、感じる部位が変わってくる人もいます。年齢次第で、男女ともに加齢にともなうからだの変化も表れます。

たとえば正常位のとき、更年期世代の女性は「股関節が痛くて、うまく脚が開かない」、「脚がうまく曲げられない」などの違和感をおぼえることも少なくありません。股関節に痛みを感じる病気のひとつに「変形性股関節症」というものがありますが、日本人女性の有病率は2〜7・5％と言われています。「股関節の痛みなんて、おばあちゃんの病気でしょ」というイメージもありますが、変形性股関節症の発症年齢は37〜50歳と意外に若いのです。初期は「立ち上がりや歩き始めに股関節周辺が痛い」といった程度で、自然に症状が改善していく場合も多いと言われています。

これはあくまで一例ですが、そうしたパートナーのからだの変化に気づくことなく、「からだを密着させる正常位に女性は愛情を感じる」といった情報を鵜呑みにして自己満足にひたっていれば、二人の間にはかえって溝ができるだけです。もしも日常からパートナーのささいな体調の変化を察知していたら、「あれ、そういえば最近、股関節が痛いと言っていたな。体位によっては痛みを感じるかもしれない」と想像を巡らせることもできますよね。

・セックスを楽しむ答えは「相手のなか」にある

年齢を重ねれば、からだの痛みだけでなく、長い時間、同じ体勢を取り続けるのがつらくなったり、体力の衰えを感じる方もいるでしょう。そんなとき、「お互い最近は体力が落ちてきたから、足腰がつらくない体位にしてみよう」と試せば、これまで味わったことのない快感に巡り合えるかもしれません。

メディアが発信する情報も使い方によっては有益ですが、マンネリ解消や性生活を充実させるための答えには、相手と向き合い、コミュニケーションを交わしながら見つけていくことでしかたどり着けません。**セックスを楽しむ答えはいつもパートナーのなかにある**のです。

特にからだや体調の変化への気づきは、寝室以外でのコミュニケーションの有無が大いに問われてくるものです。「そういえば立ち上がるときに股関節が痛いって言っていたな」という普段からの気づきが、ベッドでの「正常位で脚を開いても大丈夫？」といったやさしい声がけにつながります。そういった意味でも、セックスは日常のコミュニケーションの延長線上にあることが、おわかりになると思います。

「相手ファースト」なら、すべてうまくいく

パートナーのからだや体調の変化をキャッチして、やさしく相手を思いやる——日常生活でのコミュニケーションを踏まえて、「相手に合わせたセックス」ができるのが、本当のセックス上級者です。そこには、決してテクニックやハウツーだけでたどり着くことはできません。

たとえば、普段はバックが好きな女性が、その日は「今日は一日中、仕事で立ちっぱなしだったから腰が痛い」と言っていたとします。そうした彼女

の事情を把握していたのなら、セックスで体位を変える際に「腰、大丈夫？」と一声かけられます。その上で、「いつもはバックでしているけど、今日はからだに負担の少ない側臥位《そくがい》にしよう」と、いつもとは異なる体位を試してみる……といった具合です（側臥位とは、横になった状態の男性が女性の背後に体を密着させて行う体位です。男女ともに負担が少ないので、中高年のセックスにもおすすめです）。

「これはどう？」、「それともこっちはどう？」と相手に提案できる引き出しの数は多いほうが望ましいですが、その引き出しの数を増やすこと以上に大切なのは、相手の反応を見て、合わせること。

そう、**「相手ファースト」になれば、セックスはすべてうまくいきます。**

・性感帯の探し方

やさしいセックスの重要ポイントである「相手ファースト」の大切さについて、さらに議論を深めていきましょう。

性感帯は知覚神経が集中し、非常に敏感になっている場所で、女性の性感帯としては「Gスポット」が有名です。

Gスポットは、一般的に「膣の入り口からお腹側の3㎝付近の場所」とされ、そこを刺激することでオルガズムを感じる女性が多いとされています。ネットを調べればこうした情報を手にすることは容易で、なんとなく知っている方もいるかと思いますが、このGスポット、実は個人差がとても大きいのです。

Gスポットはその存在自体、長年にわたり専門家の間でも見解が分かれており、その場所もおおよその定義とされる「膣の入り口からお腹側の3㎝付近」にある女性は、「わずか10％」との調査報告があります。人によっては、尿道口付近に密集していたり、尿道と膣との間に分布していたり、Gスポットの場所は実にさまざまで、「およそ8％の女性は、そもそもGスポットがない」という調査報告もあります。

つまり、一般的にGスポットがあると言われる場所を、断片的な知識を頼りにピンポイントで愛撫され続けても、その場所で感じられる女性は現実には少数派なのです。ですから、「膣の入り口からお腹側の3㎝付近」という定義に執着せず、あくまで重視すべきは目の前にいる相手の反応。それをうかがいながら、柔軟に「相手ファースト」で探っていける人が、真のセックス上級者と言えるでしょう。

もちろん、女性もオルガズムを相手任せにするのではなく、「ここが気持ちいい」、「もっとこうしてほしい」といったフィードバックを男性に返していけば、理解が深まっていくことは言うまでもありません。「パートナーのセックスがうまくなくて、気持ちよくない」と嘆くのではなく、お互いの思いやりがあってこそ、二人のセックスが充実していくことを忘れないでください。

「相性がいい」はつくれる

・最初から肌が合う人はいない

「肌が合う」、「相性がいい」という言葉もありますが、初めからセックスの相性がピタリと合う人は、ほぼいません。もちろん、奇跡的に肌の質感や膣の広さ、ペニスのサイズがジャストフィットする人はいるかもしれませんが、極めて稀《まれ》です。生まれ育ってきた環境も価値観もセックスの経験値も違う……そんな二人の相性が初めからピタリと合わないのは、当然のことなのです。出会ったばかりの頃は「あまりタイプではないかも……」と思っていても、会話を重ねるうちに人柄に魅力を感じて、恋愛の対象として意識していくこともあるでしょう。関係性を深めていくなかで、異性としての性的興奮がやがて深い「情」に変わることもあり得ます。

それなのに、一度や二度、逢瀬《おうせ》を重ねただけで「あの人とは合わない」、「相性が悪い」と切り捨てるのは、あまりにせっかちです。特に女性は「性欲をあらわにすることは、はしたない」といった意識がまだ根強く、なかなか最初から積極的にはなれないものです。「この子、反応がないな」という、いわゆる「マグロ」認定されてしまうこともあります。しかし、やがて何度もからだを合わせていくなかで、女性も徐々にリラックスして、主体的にセックスを楽しめるようになっていくケースは少なくありません。

ですから、最初から「相性がいい人・悪い人」といったものが存在すると考えるのではなく、**二人の関係性によって、相性はどんどん形を変えていくもの**だと考えたほうが、相手にやさしく向き合えるし、結果的にセックスを楽しめるはずです。

・上級者ほど異性に対して奥ゆかしい

ひとりよがりのセックスをしている人ほど、「相手がどう感じているか?」

に無頓着ですから、一見、自信満々に見えることもあります。逆に、相手ファーストを心がけている人ほど、「セックスは二人の関係次第」とわかっているので、どんなに経験が多くとも傲慢《ごうまん》な態度を取らないものです。今日、したいプレイや愛し合い方があったとしても、相手次第で「う〜ん、それはちょっと……」と断られてしまうこともあります。しかし、そんなときも慌てず腐らず、「そうなんだね」と相手の意向を受け止めて、どう過ごすかを二人で考えていく。これは、第1章でお話しした「性的同意の紅茶のたとえ」にも通じると思います。「紅茶を飲む？」と誘ったときに、「いらない」と断られたり、最初は「いる」と言っていたのに途中で気が変わったりしても、なにより相手の意向を尊重することが大切でした。

セックスに限らず、日常生活においても、気分や体調、そしてその人の価値観次第で、OK／NGの境界は流動的に変わっていきます。だれしも気分次第で、「今日はパートナーであっても触られたくないな」と思うような日があると思います。相手に入り込まれたくない「パーソナルスペース」も、人それぞれです。それなのに、自分ファーストの勝手な思い込み、勘違いを押し通していたら、どうなるのか？　これはもうセクハラ、性加害と隣り合わせと言っても過言ではありません。

たとえば、「女性は頭ぽんぽんが落ち着く」などと思い込んでいても、「髪の毛は触られたくない」、「パーソナルスペースの侵害でとても不快」という女性もいます。訴えられてから、「こっちはよかれと思ってやってあげたのに！」などと言い訳しても、だれも同情しません。「そうこう言っても、結局、女性も生（避妊具をつけないセックス）が好き」などと勝手に思い込んで、同意を得ずに避妊具を外したら、たとえパートナーであっても「ステルシング」という立派な性加害です。

これは決して、「面倒な時代になった」わけではありません。自分ファーストがNGなだけで、相手ファーストならコミュニケーションも恋愛もセックスも、すべてうまくいくのです。「これはどう？」、「こっちのほうが自分は気持ちいいな」など、お互いを尊重し、十分にコミュニケーションを取っていれば、そのなかで自然と同意は得られるもの。なにも難しいことではありません。

セックスレスとどう向き合うか？

自分ファーストのやさしくないセックス、それがいき着く先はセックスレスです。日本は「セックスレス大国」と言われますが、富永ペインクリニックの性交痛外来にも、相談が数多く寄せられます。特に「妻から拒否されて」といった男性の悩みは深刻です。

ジャパン・セックスサーベイの調査でも、「この1年間、セックスをしていない」と回答する人の割合は、グラフのように調査を重ねるたびに男女ともに増加しています。

深刻化するセックスレス

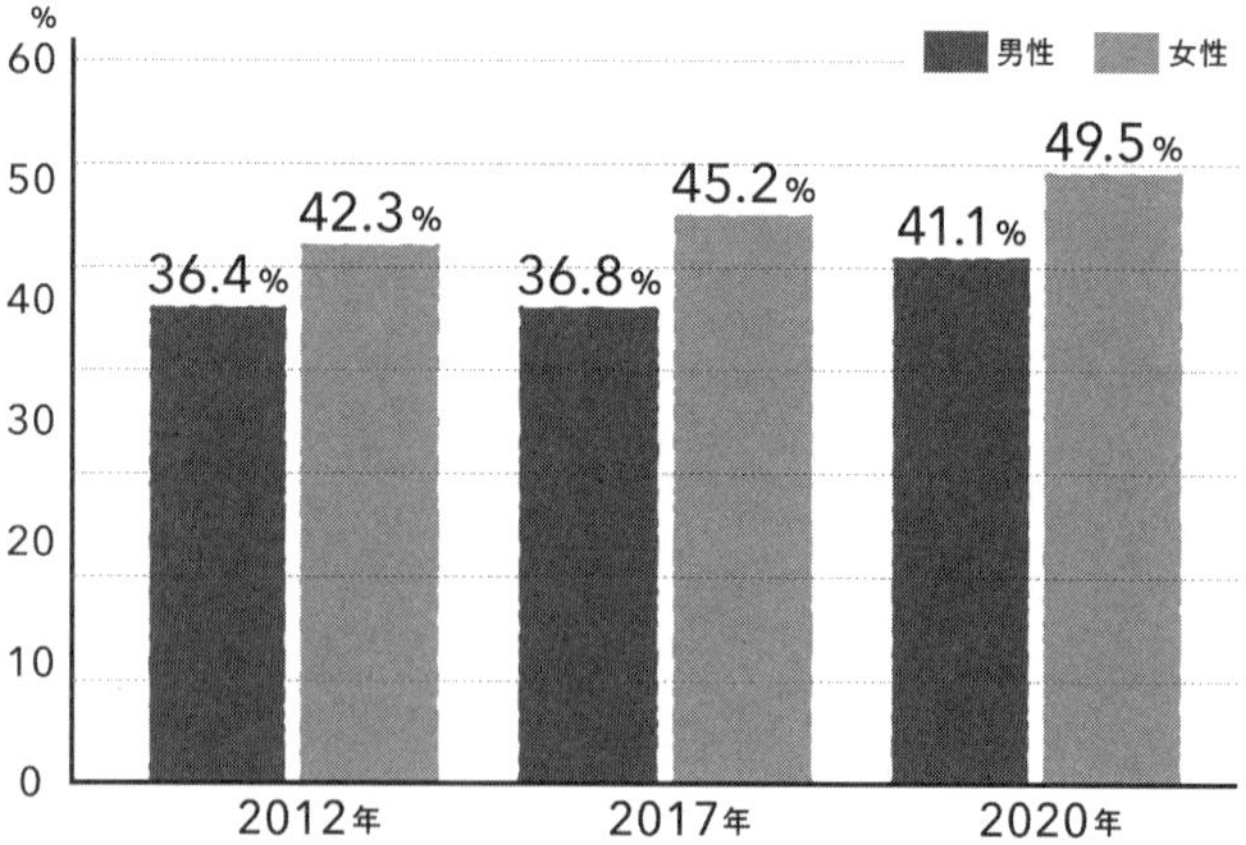

年齢20歳〜69歳の7000人の男女を対象：一般社団法人 日本家族計画協会による調査から作成

全世代では男性の4割、女性の5割がこの1年間、セックスをしていないということになります。60代なら男性は6割、女性は7割がセックスをしていません。

また、同調査で「セックスをする目的」を調査すると、「相手に求められるため」と答えた女性は、男性の2〜3倍に達しました。また、「義務だから」、「子づくりのため」という回答も男性より多くみられます。セックスが「子づくりのため」であるなら、閉経後の女性にとっては「自分とは関係がないもの」になるでしょう。

なぜ、女性がセックスに対してそのようにネガティブに感じているのか？

それは、女性のセックスに対する悩みを見ればあきらかです。回答の上位には「オルガズムに達することができない」、「快感が得られない」といったものが並んでいます。気持ちよくない、義務、苦痛なだけのセックス……そんなネガティブなイメージを抱いていれば、セックスがイヤになっても仕方ありません。

・セックスレスは日常生活で起こっている

セックスレスのほとんどは、ある日突然、「今日でもうセックスはやめた！」と思い立つものではなく、**日常生活の積み重ねの結果**です。日常のセックス以外のコミュニケーション不足が、大きな原因のひとつです。

私はよく「セックスのときだけのやさしさは要らない」とお話ししますが、昼間はなにもコミュニケーションがなく、夜になったら「しようよ」と言われても、気持ちが追いつきません。そんな関係性が続いていけば、「子づくりのため」という目的を終えたとき、「もう『お務め』は、卒業させていただきます」と告げられても、おかしくないでしょう。

セックスレスは寝室で起きているのではなく、日常生活で起きています。セックスレス解消のカギは、セックスそのものを見直すこと以前に、普段からのやさしい声がけや家事の分担といったコミュニケーションにあり、それが「最短ルート」でもあります。

・夫公認のパートナーを望む60代女性

男性だけでなく、女性にも「夫側の拒否」によるセックスレスに胸を痛めている方がいます。以前、相談に来た60代女性の裕子さん（仮名）の例をご紹介します（編集部注：個人のプライバシーに配慮して、一部内容を変更しています）。

裕子さんは、この10年ほど5歳年上の夫とのセックスレスが続いていました。夫はED気味、さらに心臓の持病があるため、バイアグラなどのED治療薬は服用できません。

夫の健康を気遣う彼女は、その事情を理解しながらも、「私はもう一生セックスができないんじゃないか……」という思いがふと胸に去来し、どうしようもない寂しさに襲われるというのです。

一度は勇気を振り絞り、夫を誘ってみたところ「この年でそんなこと言うなんて、色ボケか？」と一笑に付されてしまったと言います。たしかに先ほどの調査でも、60代女性の約7割は「この1年間、セックスをしていない」と回答しています。

しかし、性欲やオルガズムには個人差があることは、本書でもくり返し述べてきたとおりです。夫が裕子さんの「セックスをしたい」という気持ちに向き合わず、あくまで「60代女性」の平均値に落とし込もうとしているがゆえに、裕子さんは言い知れないやるせなさを感じているように思えました。

ただ、夫の「したくない」という気持ちも尊重しなければなりません。私が「二人でセックスをするのが難しければ、マスターベーションを究めるのはどうですか？」と提案したところ、彼女は頑《かたく》なに「肌の触れ合いがほしい」と訴えました。

そこで次に、「夫に抱きしめられながら、ウーマナイザーをあてがってもらうのはどう？」と折衷《せっちゅう》案を提示したところ、裕子さんは「いいかも」と納得した様子を見せました。しかし、すぐさま表情はふたたび曇り、考え込んでしまったのです。そこで私が、「裕子さんはパートナーチェンジも考えていますか？」と質問すると、彼女は首を縦に振り、「でも離婚はしたくない」、「できれば夫公認のパートナーを見つけたい」と訴えたのです。

そう、パートナーチェンジを考えるほど、彼女は追い込まれていたのですね。しかし、夫は彼女がそこまでセックスレスについて悩んでいることを知りません。ここにも、二人のすれ違いの原因があるように思えてなりませんでした。

そして最終的には、セックスする・しないを話し合う前に、「自分の気持ちを世間の平均値で推し量られて悲しかったこと」、「外でパートナーをつくろうと思うほど、追い込まれていること」、この2つをまず夫に伝えると決めると、裕子さんは晴れやかな表情で診察室をあとにしていきました。

セックスは、日常生活の延長線上にあるものです。

やさしいセックスは、やさしい関係の上に成り立っています。

日頃からお互いの心の内を気軽に話し合える関係を抜きにして、セックスのよろこびだけを手にすることはできません。「性」とは、生きること＝「生」でもあります。そして、お互いの神聖な場所に踏み込み、愛し合うこと＝「聖」でもあります。くれぐれも、そのことを忘れないでください。

遺伝子レベルで惹かれる相性の良さ

「男性のスラリとした長い指に惹かれる……」
男性の指を見てしまう「指フェチ」の女性は
多いものです。それはなぜでしょう？

1. その男性の経済力を見定めているから
2. その男性の生殖能力を見定めているから
3. その男性の育ちの良さを見定めているから

答えは、「2」です。指と深く関わるのが、Hoxという遺伝子。これは指と同じくからだの末端であるペニスとも深く関わっていることから、女性は無意識にペニスと関係ない指の造形から男性の性的能力を見極めていると言われています。最終的なセックスの相性は二人でつくり上げていくものですが、その入り口として無意識レベルで惹かれてしまうこともあります。

さらに、「匂い」も相性に関わっていると言われています。人の体臭に影響し、フェロモンとして分泌されるのが、HLA遺伝子と呼ばれる遺伝子です。HLA遺伝子は白血球に含まれており、免疫力に関係しています。

人間は自分とは異なる遺伝子を取り込むことで進化してきたため、HLA遺伝子の異なる相手の体臭を「好きな匂い」と感じるそうです。逆に年頃の娘が、遺伝子情報が近い父親の匂いに「お父さんクサイ！」と言うのは、近親相姦《きんしんそうかん》のリスク回避と説明できます（娘を持つ父親にとってはなんとも切ない事実ですが……）。

爪を切り、ヤスリをかけて手指を整える、体臭に気を配る——いずれも基本的な身だしなみですが、思わぬ「相性の良さ」を引き寄せるかもしれません。

第5章

やさしいパートナー選び

これまで、これからの時代のやさしいセックスの心得についてお話ししてきました。自分のことばかりで、相手の都合や気持ちなど考えない。そんな気持ちの通わないセックスは、相手も自分も傷つけるリスクしかありません。お互いの求めるものにズレがあったり、同意がなされないまま行われたセックスは、後々になって「なんで私はこんな人とセックスしたんだろう」という後悔や怒り、悲しみにつながっていきます。

性的同意があることがいまの時代のセックスの大前提だとするならば、少なくとも、その相手はお互いに求め合える人でなくてはなりません。では、どうやってそうした相手を探せばいいのでしょうか？

「その場のノリもあるし」と、過去の奔放な時代を振り返る人もいるかもしれません。ですが、たとえワンナイトであっても、いえワンナイトほど、だれとどうセックスするかは、いったん立ち止まってよく考える必要があります。

昔といまのどちらが良くてどちらが悪いという話ではありませんが、こと相手が存在するセックスに関しては、価値観をいち早くアップデートできた人が、異性からも魅力的に感じられるはずです。

相手の「ニーズ」を見極める

では、ともすれば「なんでもセクハラ扱い」されるこの時代に、どうすれば安心してお互いに求め合える人に出会えるのでしょうか。

まずひとつは、**相手のニーズを見極める**ことです。

「なんだかビジネス書みたいだな」と思われるかもしれませんが、恋愛もビジネスも、自分の価値が適正に評価され、より高く売れる市場に身を置く……という基本ルールは同じです。

恋愛におけるニーズとは、「自分の恋愛・性愛の対象となる相手が、どのような人間関係を求めているのか」ということです。一夜限りの割り切った肉体関係を求めているのか、それとも恋人として中期的なスパンでお付き合いができる人を探しているのか、はたまた生涯の伴侶となり得る長期的なパートナーに巡り合いたいのか。どんなに「この人いいな」と思っても、まずは相手のニーズを見極めなくては、ボタンの掛け違いになってしまいます。たとえば、パートナーを探している女性に、ワンナイトを求めてアプローチしたら……仮にセックスしたとしても、かなりリスキーな出会い方です。

特にワンナイトや短期間の恋愛を求める「短期決戦型」の方は、細心の注意が必要です。相手が結婚も視野に入れた中長期的なパートナーシップを求めている場合、即座に撤退すべきです。既婚者のなかには(特に男性)、相手の若さゆえの未熟さや世間知らずを利用して、既婚者であることを隠し、男女関係に持ち込もうとする人もいます。しかし、いまやSNSで誰でも告発ができる時代です。企業におけるコンプライアンス遵守《じゅんしゅ》も厳しく問われています。もしも、そのような不貞《ふてい》行為が明るみに出た場合、家庭や職場を追われるといった最悪の事態も起こり得ます。

ですから、自分が短期間での恋愛を求めているのであれば、相手も同じように短期決戦型であることが、安心・安全な出会いの絶対条件となります。同様に、中長期の恋愛対象を見つけたいのであれば、短期決戦型は避けるべきです。どんなに魅力的な異性であっても、望んでいる関係性が異なるのであれば、最初から二人の間には大きな溝が存在します。その溝を無理に埋めようと相手に迫れば、やさしさとはかけ離れていってしまいます。

アプローチする前に、まずは相手のニーズを見極めること。これが安心・安全な出会いの大原則です。

短期決戦型は「断られる勇気」を

恋愛は自由です。それは自分側の自由だけでなく、相手側の自由も含んでいることを忘れてはいけません。自由だから自分勝手に振る舞っていいというのは大きな勘違いです。自由だからこそ、相手側の自由も尊重する必要があり、セックスにおいては必ず「性的同意」を得ることが、自由恋愛の基本ルール。もし、そのルールを破ったらレッドカードで一発退場、これが私たちの生きている現代社会です。

そんな時代にあって、特に注意しなくてはならないのは、「相手が短期決戦型である場合」です。

もちろん、短期決戦型にはそれなりに良さがあります。後腐れがないですし、刺激も十分、現実問題として「セックスレスで自分のパートナーとはセックスできない」と悩んでいる方がいるのも理解できます。

ですが、短期決戦の場合、恋愛やお付き合いという二人の関係性を深める過程が大幅に削られた状態なので、セックスの同意がなされる確率は低くなります。また、中長期型に比べて、アプローチする異性の数や試行回数も増えるでしょう。

そうなると、当然、「フラれる」ことも多くなります。

そして、フラれても「まあ、仕方ない。そんなに深く知り合った仲でもないし」とさっぱりしたもの……とは限らないのが、短期決戦型の危険な部分です。

ナンパであろうと、なんであろうと、「相手から断られる」という経験は、それなりにメンタルにダメージがあります。「いや、いきなり口説かれても無理だし、断るのは当然では?」と思うでしょうし、それが正論ですが、断られたことで自尊心が傷つき、相手のことなどお構いなしに逆ギレする人もいるから厄介なのです。「遊び人ぶっているから、断られるのも慣れているだろう」と思っていたら、実際は「断られて傷つくのが怖いから強がっているだけ」というパターンもあります。そして、その自分の弱さを相手に悟られまいと、あらぬ方向に走ってしまう人もいます。

たとえば、「性的同意なんて面倒くさい（本当は断られるのが怖い）」とうそぶき、強いお酒を飲ませてなし崩し的に性交渉に及んだり、自分の社会的な権威・権力を振りかざしたり、ひどい場合は相手の飲み物にレイプドラッグといわれる薬物を入れたり……ちなみに、これらの行為はいずれも不同意性交等罪では有罪です。

ひと昔前は、ナンパ師がメディアでクローズアップされるなど、短期決戦型の「下手な鉄砲も数撃てば当たる」戦法がもてはやされていた時期もありました。しかし、そうしたアプローチは、いまやあまりにハイリスクです。しつこすぎるナンパは、違法行為として罰せられることもあります。

では、短期決戦型はどうすればいいのでしょう？

私が一番お伝えしたいのは、「断られたとしても、なにもあなたの人格そのものが否定されたわけではない」ということです。そして、その上で、相手も短期決戦型かどうかをきちんと見極めることが大切です。ぱっと見、遊んでいそうな雰囲気でも、中身はしっかり付き合いたい中長期型という人はかなり多いです。派手な服装をしているから短期ＯＫだろうと勝手に決めつけて、強引に口説いた挙げ句にフラれて逆ギレ、あるいは訴えられて一発レッドカード……そんな事態になったら目も当てられません。

また、相手が同じ短期型だからといって、必ず口説けるというわけでもありません。前述の「紅茶の動画」の例のように、直前まで紅茶を飲みたいと言っていたのに、突然、気が変わって断られることもあります。「相手の気持ちを受け取る」ことが、性的同意には欠かせません。「ノー」と言われても、それをしっかりと受け入れる。

自分が短期決戦型だと自覚している人は、必ず「断られる勇気」を持っておきましょう。

相手にふさわしい「対価」を払えるか？

妻子ある男性が、つい出来心で若い女性と一夜を過ごしたものの、相手が本気になってしまい、恨《うら》みを買う……短期の後腐れない関係を求めた男性が、長期のパートナーシップを求める女性とトラブルに陥る事例は、昔もいまも尽きません。

ここでぜひ、特に中高年男性に考えていただきたいのが、「自分はどんな対価を支払っているか？」ということです。

ご存じのように、女性が妊娠できる期間は10代の終わりから40代前半までの「性成熟期」と呼ばれる20年ほどに限られています。平均寿命がどんなに延びても、この生殖可能な期間は変わりません。ですから、女性にとってこのわずか20年ほどの性成熟期は、とても価値のあるものです。若さが唯一の価値ではありませんが、やはりかけがえのないものです。

それに対して、年長者の男性が与えられるものはなんでしょう？　お金でしょうか？　それとも高価な宝石やバッグでしょうか？　レストランで食事をすれば代金を払うように、なにかを受け取るなら、必ずそれに見合った対価を払わなければなりません。はたして「生殖可能な20年間」の真っただ中にいる女性が、自分と付き合う合理的な理由が存在するのか？　これは、中高年男性と若い女性の組み合わせに限ったことではありません。「愛はプライスレス」というのはナシにして、冷静に「自分は相手に見合った対価を払えるのか」と、立ち止まって考えてみることが大切です。

・勘定は合っているのか？

ときに「その道のプロ」に熱を上げる男性もいます。ですが、彼女たちが隣に座ってやさしく話を聞いてくれたり、まるで恋人のようにデートしてくれたりするのは、指名料や同伴料といった対価が介在しているからです。なにも対価を払わず、彼女たちとプライベートで会おうとする「痛客（痛いお客）」もいますが、休日に店外デートにしつこく誘う行為は、あきらかにサービスと対価の勘定が合っていません。

タイパ・コスパと言われ、なるべく少ないコスト（お金や労力）で大きな対価（女性からの親密な距離感）を得ることがよしとされる風潮もありますが、こと男女関係においては「相手から得られるもの」と「自分が与えられるもの」の勘定が合っていなければ、トラブルに発展するリスクが高いと考えたほうがよいでしょう。これは男女ともに、心しておくべきです。女性が与えられてばかりで、男性に見合ったものを与えていなければ、それも勘定が合いません。

もし、合理的な理由がないままに自分ばかり得することを考えていれば、それは恋愛以前の人間としての「品性」の問題となるでしょう。

・別れの美学は大人のやさしさ

もし不倫関係に陥ってしまった場合、将来一緒になるつもりがないのなら、女性の「生殖可能な20年間」を奪う前に、きれいにお別れしてあげるのも、大人のやさしさと言えます。

残念ながら、ベストな恋愛の終わらせ方というものは存在しませんが、もっとも理想的なのは、若い女性が新たなパートナーを見つけて、不倫関係を自らの意思で清算することでしょうか。引き際こそ、その人の人間性があらわになるものです。決して彼女を追ってはいけません。お相手から「私、好きな人できたの」と告げられたら、ぜひスマートに彼女の幸せを願ってほしいものです。

長期型の恋愛はコスパが悪い？

これまで短期決戦型のリスクについて語ってきましたが、「ワンナイト」や短いスパンでさまざまな相手と付き合う短期の恋愛は、刺激も多く、おいしいところ取りで、恋愛においてコスパが良さそうに思えるかもしれません。

そもそも恋愛という密接な人間関係をコスパで考えること自体、趣味が良いとは言えませんが、たしかにお付き合いが長くなるとマンネリ化したり、結婚を意識してプレッシャーや息苦しさを感じたりすることもあるでしょう。

また、前述したように、夫婦間のセックスレスも深刻化しています。

・短期型の恋愛には、「初期投資」がつきもの

しかし、短期の恋愛において、常にそのうまみだけを味わえるという保証は、どこにもありません。すでにお話ししたように、短期間の関係とはいえ、相手との性的同意を得ることは必須です。そのために、特に年長者の男性の場合はデートでごちそうしたり、プレゼントしたりと、それなりのコストがかかるものです。また、相手が代わればその都度、「初期投資」が必要になります。

しかも、一定のコストをかけたとしても、必ずリターンが約束されているわけではありません。相手の「ノー」という意思や気持ちを無視して、「これだけ自分はやったのに！」「いままでいくら払っていると思っているんだ！」と逆ギレするようならば、それは最初から恋愛に発展するような間柄ではなかったということです。

短期型の恋愛は、投資でいえば、デイトレードやレバレッジをかけて大きく儲けようとするFXのようなものです。後腐れなく刺激的という大きなリターンがある半面、まったくリターン（恋愛やそれにまつわる思い出）がなかったり、失敗するリスクもある。そんな「ハイリスク・ハイリターン」な側面を心得ておきましょう。

・長期的な関係で信頼感を積み上げる

一方、中長期的な恋愛においては、いったん関係性が結ばれれば、「初期投資」をする必要がなくなります。この初期投資は、お金だけの話ではありません。たとえば、セックスで性的同意を得る際にも、「今日する？」、「しよっか♡」といった簡単なやりとりで完結することもあります（もちろん、パートナーであっても相手の意思をその都度、確認する必要はありますよ！）。毎回、リスクと背中合わせで、慎重に手間をかけて性的同意を取らなくてはいけない短期型とは大きな違いです。

これは長い時間をかけて人間関係が深まることで、二人の間に大きな信頼感が積み上げられているからにほかなりません。投資でいえば、複利効果で資産を増やす長期積立投資のようなものです。

短期型、中長期型と、出会いや恋愛にどちらが「良い・悪い」という正解はありませんが、それぞれにメリット・デメリットがあることは知っておいたほうがいいでしょう。

「ノー」の意思の示し方

これまで恋愛、そしてセックスの入り口である出会いにおいて、どんな相手とどう向き合うかをお話ししてきましたが、男女関係で100%うまくいくことはありません。どれだけ経験を積んでも、相手選びの失敗やボタンの掛け違いは起こるものです。そんなとき、きちんと「ノー」と言えることが大切になります。自分の越えられたくない一線を相手が越えようとしてきたときは、きっぱりと「ノー」と言っていい。これが性的同意の基本ルールです。

セクハラやパワハラを訴える勇気ある告発は素晴らしいものですが、いざ自分が同じことをできるかと言われれば、多くの人は視線を外してしまうのではないでしょうか。すでにお話ししたように、日本の〝察する文化〟では、なかなかノーと言いづらい空気が根強く残っています。そのため、家族以外の他人に明確にノーを伝えた経験がないまま大人になった人も、大勢います。

では、ノーを言えない人が相手に自分の意思を伝えるには、どうすればいいのでしょう。そのひとつの方法は、すでに数行前に書いてあります。そう、「視線を外す」です。なにかを問われて視線を外せば、それはあきらかに「イエス」よりも「ノー」の可能性が高いと相手は感じます。言葉で言えないのであれば、からだで意思を表現すればいいのです。ほかにも、「相槌を打つのをやめる」、「距離を取る」、「口を固く結ぶ」など、相手にノーを伝えるボディランゲージはたくさんあります。

相槌を打つ、相手の目を見るといった行為はコミュニケーションの基本中の基本ですから、まずはそれをやめてみる。それまで愛想笑いを浮かべていた人が急に無表情になるだけでも、かなり明確なノーの意思表明になると思います。

かつての男性中心の社会では、「セクハラをしなやかに受け流せてこそ大人の女」などと思い込まされていましたが、当時の女性たちも内心は「イヤなものはイヤ」であり、決してセクハラを喜んでいたわけではありません。それに気づかず、「昔の女はちゃんとできていた」とセクハラを正当化する男性も、いまだに少なくありません。

ですが、もう時代は変わりました。若い世代へ負の遺産を残さぬよう、これからは「きちんとノーと言える文化」をつくり上げていきたいものです。これはなにも窮屈なことではありません。ノーをきちんと言えるからこそ、イエスのときのよろこびが本物になるからです。だれかと深く愛し合えたという充実感と幸福感を、セックスを通じて手にできるのです。

なんとなく察しているだけでは？　気を遣ってイった演技をしているだけ

では？　そんな疑心暗鬼から解放されて、本当のセックスのよろこびを知るために、まずは私たちから率先して、相手を受け入れるやさしさを身につけていきたいですね。

セックスはコスパ・タイパが悪い？

いま、AIなどテクノロジーが発達し、〝効率〟が重視されています。「コスパ」、「タイパ」といった言葉がよしとされる風潮で、セックスを「いかに自分の性欲を効率的に満たすか？」という視点で考える人もいるようです。その結果、「わざわざ時間やお金をかけて人間関係を構築するより、マスターベーションで済ませた効率がいい」と、セックス自体をあきらめてしまう人も増えています。たしかに、だれかとセックスという究極のコミュニケーションにたどり着くまでには、多くの時間や労力、ときにお金がかかるものです。たとえ短期決戦型であってもそれなりのコストがかかる、いや結果的には中長期型よりもコストがかかることは、第5章でお話ししました。

ですが、本当にセックスは人生にとって効率が悪いものなのでしょうか？

・オルガズムはセックスの一部でしかない

オルガズムによって性欲を満たすこと――それは、私たちが目指すべきやさしいセックス、つまり愛し合う二人のコミュニケーションとしてのセックス全体のうち、ごくわずかな要素でしかありません。

気になる人が現れたら、少しずつ距離感を縮めていき、意を決してデートを申し込み、スケジュールを調整して、日程を決める。お店を予約して、前日には「明日大丈夫?」と確認のLINEをする。待ち合わせ場所に行って、お店に入り、会話を楽しむ。その後、相手の体調に気を配りながら、性的同意を得て、ホテルにチェックイン。その後も、相手の反応を見ながらキスをして愛撫をして……すべて時間と手間がかかります。お金もかかるでしょう。また、相手が代われば、セックスの反応も変わりますし、同じ相手でも日によって体調が異なります。常に同じやり方では相手も自分も満足できませんから、相手に合わせるために頭とからだをフル回転させて、ようやくすべてのタイミングが整って、オルガズムや射精に至るわけです。

ときには、多くの時間や労力をかけても、最後の最後で「生理前で急にお腹が痛くなった」など、セックスを切り上げなければいけない事態も起こるでしょう。

本来なら、その分の時間とお金でゲームをしたり、旅行をしたり、趣味を楽しめていたかもしれません。たしかにセックスとは、どこまでも効率が悪い、つまり、コスパ・タイパが悪い行為でしょう。

・セックスは「過程」を楽しむ究極のコミュニケーション

なぜ忙しい現代に生きる私たちが貴重な時間や労力をかけて、「効率の悪い」セックスをするのか？　それはだれかに愛情を伝え、相手の愛情を確認する過程を楽しみたいからにほかなりません。だから人間は、妊娠を目的としないセックスも心から楽しめるのです。セックスとは、この「過程を楽しむ究極のコミュニケーション」であり、それはゲームや趣味などでは味わえない、大きなよろこびと生きる意味を感じさせてくれます。

相手を知りたい、愛情を確認したい、愛情を求めたい——そんな思いがあるからこそ、究極のコミュニケーションとしてのセックスを、それがどんなに効率が悪くても「したい」と思えるのです。

気持ちよかったり、気持ちよくなかったり、相手がイッたり、イカなかったり……セックスとは、どこまでいっても思いどおりにはいかないものです。もし、相手の都合はお構いなしで、自分の思いどおりのセックスを貫こうとしたら、それは支配であり、性暴力にもつながりかねません。ただ寝転んでいるだけで、相手がオルガズムを与えてくれるわけでもありません。「オルガズムを得る」だけなら、部屋でひとりでマスターベーションに耽《ふけ》ればいい話です。

二人の心を通わせる過程を楽しみ、その暁《あかつき》に心と心が通い合うセックスができたとき、ドーパミンによる快楽とともに、他では味わえない解放感や満足感を得られる。それが、セックスの唯一無二の価値であり、その価値が素晴らしいからこそ、効率で推し量れるようなものではないのです。

ときには、「疲れてセックスできなかったけれど、抱き合っているだけで明日から仕事が頑張れそうな気がする」というように、思いどおりの結果にならなくても、満ち足りた幸せが手に入る。むしろ、セックスとは、**自分の思いどおりにならないからこそ価値がある**とさえ言えます。思いどおりにならないから、望外のよろこびが得られるのです。

この本がみなさんにとって、性的同意やパートナーとの関係性、コミュニケーションの図り方、セックスのよろこびについて考えるきっかけとなれば、とても嬉しく思います。ひとりでも多くの方が、心の通った「やさしいセックス」に巡り合えることを心から願っています。

この本を企画・編集してくださった扶桑社の宮下浩純さん、ライターのアケミンさんには多大なるご協力を賜《たまわ》りました。そして、いつも応援してくださるオンラインコミュニティ「富永喜代の秘密の部屋」のメンバーに、深い感謝の意を表します。

2024年5月

富永喜代

富永喜代（とみなが きよ）

痛みで苦しまない人生を医学で導く「痛み改善ドクター」。愛媛県松山市にて富永ペインクリニックを開院。代表を務める「まつやま健康寿命延伸コンソーシアム」は、経済産業省「平成26年度健康寿命延伸産業創出推進事業」に採択。性の悩み専門の性交痛外来を開設し、全国から1万人以上がオンライン診断を受ける。医療×ITで人生100年時代を豊かにするデジタルドクターである。たしかな腕とユニークなキャラクターが人気を呼び、NHK『おはよう日本』、TBS『中居正広の金曜日のスマたちへ』などのテレビ番組にも出演。著書累計98万部。YouTubeチャンネル『女医　富永喜代の人には言えない痛み相談室』は登録者27万人を数える。Facebookライブは年間1000万人以上にリーチし、日本最大級のオンラインセックスコミュニティ（会員数1.6万人）『富永喜代の秘密の部屋』を主宰。

女医が導く　いちばんやさしいセックス

発行日　2024年6月10日　初版第1刷発行

著者　富永喜代
発行者　小池英彦
発行所　株式会社 扶桑社
〒105-8070
東京都港区海岸1-2-20 汐留ビルディング
電話　03-5843-8842（編集）
03-5843-8143（メールセンター）
www.fusosha.co.jp

ブックデザイン　吹田ちひろ（Dot&Line）
イラスト　chao!
構成　アケミン
DTP制作　株式会社 Office SASAI
校正　小出美由規
印刷・製本　タイヘイ株式会社　印刷事業部

ISBN978-4-594-09761-5